大学通识教育教材

经济学通识

叶德磊　编著

JINGJIXUE TONGSHI

中国教育出版传媒集团
高等教育出版社·北京

内容提要

本书是大学通识教育教材。

本书主要内容包括：消费决策依据，企业决策依据，市场供求价格，市场类型与市场效率，市场运行中的企业行为，宏观经济的核算，宏观经济的总需求牵引，增长旋律与周期波动，失业与通货膨胀，微观经济政策，宏观经济政策。本书通俗易懂，兼具趣味性与学术性，并通过二维码链接了同步练习。

本书适合作为高等学校相关通识课程教材，也可作为社会读物。

图书在版编目(CIP)数据

经济学通识/叶德磊编著.—北京：高等教育出版社，2023.4

ISBN 978-7-04-060004-9

Ⅰ.①经… Ⅱ.①叶… Ⅲ.①经济学-高等学校-教材 Ⅳ.①F0

中国国家版本馆CIP数据核字(2023)第035308号

策划编辑 刘自挥 熊柏根 责任编辑 熊柏根 封面设计 张文豪 责任印制 高忠富

出版发行	高等教育出版社	网　　址	http://www.hep.edu.cn
社　　址	北京市西城区德外大街4号		http://www.hep.com.cn
邮政编码	100120	网上订购	http://www.hepmall.com.cn
印　　刷	上海叶大印务发展有限公司		http://www.hepmall.com
开　　本	787 mm×1092 mm 1/16		http://www.hepmall.cn
印　　张	11.50		
字　　数	219千字	版　　次	2023年4月第1版
购书热线	010-58581118	印　　次	2023年4月第1次印刷
咨询电话	400-810-0598	定　　价	30.00元

物 料 号 60004-00

前　　言

许多人有一种误解，以为经济学只能分析经济问题。实际上，经济学还可以用来分析各种社会现象和人类行为。譬如，对于读书、恋爱、看电视、运动等都可以进行别开生面的神奇分析。有的国外学者将经济学的这一特征描述为“经济学帝国主义”，意指经济学的基本原理、分析方法、分析框架等不断地向其他学科和日常生活领域渗透与“入侵”。所以，本书在分析中也列举了许多非经济的案例，诸如恋爱、吃自助餐、旅游景点收费等日常生活现象。

当然，看了本书后，你也会从经济理论的角度重新认识诸如麦当劳与肯德基为什么比邻而居、猪肉价格为什么涨易跌难等现象，对于诸如美联储的量化宽松、缩表、加息等财经新闻也不会懵懵懂懂。

所以，不管你目前在高校读什么专业，不管你现在是什么职业，你都应该学一点经济学。这不仅是因为大家每天面对的衣食住行其实也是经济问题，更重要的是，经济学培养的是一种思维逻辑，它可以运用于对许多领域的问题的思考和分析。

本书的特点是：通俗、简洁，兼具趣味性和可读性。本书力图让没有任何经济理论背景和没有学过高等数学的人都能够轻松地读懂。而且，每章之间虽然有理论逻辑上的递进关系，但不影响阅读的跳跃性。也就是可以跳过前面的章节，选择你喜欢的部分先看。所以，编者在写作本书时，按照愉快阅读的原则和新的逻辑结构将原本传统的理论排列顺序进行了大幅度的重组。

无论是内容的选择，还是逻辑结构的编排，或者案例设置和文字表达，本书都进行了很多创新。期望大家能喜欢。

本书既可以作为高校面向全校各专业学生开设的通识课的教材，也可以作为各行业职场人士和管理人员的“休闲式”读物。它可以在教室的书桌上，也可以在商务楼的电脑旁；它可以陪伴你乘坐飞机、高铁，也可以见证你家里书房中台灯下的宁静……

叶德磊

2023 年 3 月

前言

目 录

导言

一、经济学的研究对象

社会经济生活中的人有各种各样的生存需要和生活需要，或者说有各种各样的欲望。在这里，人的欲望可以理解为人们对满足自己的物质需要和精神需要的各种物品、服务和环境等的追求。人的欲望是无限的、无止境的，而满足人的欲望的资源却是有限的、稀缺的，如石油、木材、粮食、劳动力、技术等总是有限的，至少在任一特定时期都是如此。由于这一矛盾的存在，人类必须进行选择，怎样利用有限的资源来最大限度地满足自己的无限欲望。经济学就是研究如何有效利用和合理配置有限的资源，以求人类（或特定国度的国民）欲望和社会福利要求得到最大程度满足的一门科学。

可以说，人的欲望和需求的无限性与满足这些欲望的资源的有限性之间的矛盾是经济学的根本性的理论出发点。如果满足人类欲望的资源无限，经济学也就没有存在的必要。所以也可简单地说，经济学就是研究资源合理配置的科学。

二、经济学的分类

广义的经济学包括金融学、国际贸易学、计量经济学、产业经济学、行为经济学等。但经济学的基本原理分为微观经济学和宏观经济学。或者说，微观经济学和宏观经济学属于狭义的经济学。本书的内容主要属于微观经济学和宏观经济学，也有少部分内容属于行为经济学、空间经济学等的范畴。

微观经济学研究的是经济社会中经济个体的经济行为，这里的经济个体包括消费者、生产者（企业）和生产要素所有者等。例如，消费者怎样作出购买产品的决策；企业怎样作出生产的决策；劳动力这种生产要素的所有者怎样决定劳动力的供给行为；等等。

宏观经济学研究的是一国的总体经济（宏观经济）运行以及政府相关政策对这种经济运行的影响。

当然，微观经济学与宏观经济学的区分是相对的，这是因为，微观经济是宏观经济的前提和基础，宏观经济也必然会影响微观经济和微观经济行为。

经济学研究源远流长，但一般认为，微观经济学完整的理论体系是由 19 世纪末 20 世纪初新古典经济学的领衔人物——马歇尔缔造的。宏观经济学作为一门独立的学科则开始于英国经济学家凯恩斯在 1936 年出版的鸿篇巨著《就业、利息和货币通论》。当然，后人的研究成果不断地推动微观经济学和宏观经济学的发展。

三、经济行为的理性化假定

经济学赖以建立的一个基本理论假定便是人们的经济行为是合乎理性的。经济学把现实社会中的人看作“经济人”，即人在经济生活中都受利己心或个人利益驱使，不会去干那种于己无利或于己有害的事情，也不会在可得大利的条件下却只从事那种只得小利的活动，经济个体都会在既定约束条件下追求自身利益的最大化，这便是经济行为的理性化。具体表现为：作为消费者，追求的是既定收入条件下购买的消费品所提供给自己的享受最大化；作为生产者（企业），追求的是既定投入资源条件下利润的最大化；作为生产要素所有者，追求的是要素拥有既定条件下要素收益（如工资等）的最大化；等等。

以个体利益最大化为追求目标的假设既在相当程度上反映了客观现实，也是理论分析得以进行的前提条件，否则理论分析就难以展开。例如，企业不追求利润的最大化，而是胡乱地利用，甚至故意浪费生产经营资源，那么理论分析便没有起码的原则，理论本身也成为多余的、无用的了。

四、经济学的表述习惯

经济学中有许多类似如下的表述和命题：“如果其他条件不变，那么……”；“在……的假定条件下，……”。常有人因此认为经济学的假定条件太多，远离现实，其结论不可靠，甚至认为它不是一门科学。

现实社会中，影响任何一种经济现象的因素众多，理论上不可能同时研究和表述众多因素的各种复杂影响。只能在某些假定条件下，先研究某一因素或某些因素的影响和作用，然后再研究和表述其他主要因素的影响和作用。

实际上，在我们的日常生活中，也到处充满了类似于经济学中的习惯表述，只不过我们常常省略了对假定条件的表述。例如，人家在学校的正大门处问你，到图书馆还需要多少时间，你回答需要 10 分钟。但实际上这是以许多假定条件为前提的，较为完整和严谨的表述应该是：“在你不遇见知心好友并停下来交谈的假定条件下；在你不是跑步的假定条件下；在你不会因为浏览校园风景而走弯路的条件下……需要 10 分钟”。将假定条件表述出来，只是经济学中的一种规范和习惯而已，它使得表述更为严谨、科学。

五、经济学的功能

不管你是什么职业，衣食住行是我们每天都要面对的，衣食住行其实也是经济问题。可以说，经济现象和经济问题就是我们日常生活中的构成内容。因此，任何人都应该具备一点经济思维逻辑。如果不了解一些经济学知识，可能连许多日常的财经新闻都无法看懂。

经济学的基本原理、研究方法、分析框架等不仅适用于对经济问题的研究，还适用于对社会生活许多其他领域和问题的分析。例如，对于你是否去电影院看一场电影，可以用经济学中的收益—成本框架进行分析，因为看电影是有收益（享受感）的，也是有成本（购票费、时间等）的。恋爱、读书、朋友相处等也都是可以运用经济学的相关理论和方法进行别开生面的分析的。因此，国外学术界有“经济学帝国主义”的说法，它指的是经济学的基本原理、研究方法和分析框架等不断地向社会学、政治学、法学、历史学等其他学科渗透和“入侵”，被广泛地运用于对各种社会现象和人类行为的分析。经济学家萨缪尔森还说过：“经济学是社会科学的皇后。”

第一篇　个人和企业如何决策

个人和企业是经济社会中的基础行为主体，个人的消费行为和企业的生产行为构成了经济社会中的基本对应行为。个人为什么会选择购买某产品而不购买别的产品？为什么会购买那些数量？企业为什么会选择生产某产品或某几种产品而不生产其他产品？为什么选择某一产量而不是其他的产量？等等。本篇就来讨论个人和企业分别作出的决策取决于怎样的基础。

第1章 消费决策的依据

个人在经济社会中的角色是消费者。消费者在市场上的消费行为的基础，在于消费品对他是有用的，这种有用性在经济学上一般以“效用”来概括。

一、从“审美疲劳”说开去——效用与边际效用递减规律

“审美疲劳”说的是人们对美的人或事物看多了以后，会越来越觉得她或它们也比较普通，似乎不像一开始看到时那么美了。这其实就是对经济学上著名的边际效用递减规律的诠释。

先解释一下效用和边际效用。经济学上的效用是指消费者从消费某商品或服务中所感受到的满足。因此效用不仅取决于商品或服务本身具有的满足人们某种欲望的客观物质属性(如面包可以充饥，饮料可以解渴)，而且商品有无效用或效用大小，还取决于甚至主要取决于消费者的主观感受。例如，张三觉得某件衣服很好看，李四却认为只是一般而已。

经济学上的“边际”形象地来理解，就是最后的、边缘上的，相当于数学中的增量。譬如，最后增加或发生的效用叫边际效用，最后增加或发生的成本叫边际成本，等等。

边际效用是指消费者在某一时间内增加一个单位商品的消费所增加的满足。假如以数字的大小来表示效用和边际效用的大小，举例来说，某人吃橘子，第一只橘子给他带来的效用(满足度)为8，这时第一只橘子给他带来的总效用和边际效用就分别为8。第二只橘子给他带来的效用为5，即第二只橘子的边际效用为5，食用两只橘子的总效用就为13。

边际效用递减规律指的是，在其他条件不变的情况下，对消费者来说，一种产品的边际效用随着对它的消费数量的增加而递减。

边际效用可能会下降到零，这时如果再增加对商品的消费，该商品的边际效用还会下降为负值。

对于消费者来说，起初消费某种商品的欲望较强烈，或者说，该商品起初带给消费者的边际效用较大，但随着消费该商品数量的增多，每一单位商品对于消费者的重要性或者说带给消费者的边际效用就会逐渐减少。例如，一个消费者

在饥饿时吃包子，第一个包子给予他的满足最大，效用是 12 单位；第二个包子给予他的满足有所减少，效用是 10 单位；当他吃第三个、第四个的时候，包子带给他的满足度逐渐减少，效用依次是 7 单位和 2 单位。当他吃第五个包子的时候，已经没有吃的欲望了，吃与不吃的效果是一样的，因而效用等于零。如果再吃第六个包子，就会感到难受，因而产生负效用。可以将这一例子中的商品数量和效用变化的对应关系用表 1-1 来表示。

表 1-1　吃包子的总效用和边际效用

商品数量(Q)	总效用(TU)	边际效用(MU)
0	0	
1	12	12
2	22	10
3	29	7
4	31	2
5	31	0
6	28	−3

从表 1-1 中可以看到，总效用由在这之前的各消费阶段的边际效用相加而来，边际效用则由下一阶段总效用减上一阶段总效用而来。边际效用随消费或拥有的商品数量的增加而递减，一般为正值，但在下降到零以后，便会出现负值。总效用一般随商品数量的增加而增加。在边际效用等于零时，总效用不变。边际效用为负值时，总效用随之减少。理性的消费者一般会在边际效用下降为负值和下降为零之前中止他的消费，从而可假定总效用一般随着消费的商品数量的增加而增加。

人们在谈论收入的调整和收入补助等问题时，常主张要雪中送炭，而不要锦上添花。因为雪中送炭的边际效用高，而锦上添花的边际效用低。

“狼来了”的故事可谓家喻户晓。它说的是一个调皮小孩在牧羊时，觉得无聊，想来点恶作剧，假装惊恐地高喊“狼来了”。这第一回喊叫产生了很大效果，附近田地里劳作的村民信以为真，带着锄头等农具赶来打狼，结果知道被骗了。然后散去继续他们手上的农活。过了一会儿，小孩又高喊“狼来了”，这第二回喊叫也产生了一定效果，村民们停下手上的农活，原地驻足，朝小孩所在的地方观望和倾听动静，但由于有被骗的前车之鉴，他们并没有赶过去。又过了一会儿，狼真的来了，小孩大喊起来，这第三回喊叫几乎未产生任何效果，村民们对这种"骗人"的喊叫已经麻木了，一门心思忙自己的农活。结果，小孩的许多只羊被狼吃了。

这个故事中小孩的喊叫可以被看作一种特殊物品，它也会发生边际效用递减，表现为"喊叫"的效果越来越小，以致最后村民对喊叫已经无动于衷了。

由于边际效用递减，所以人们在消费市场上对于同一种商品愿意出的购买价格也是不断递减的。譬如，人们对于购买第一只包子愿意出的价格是 2 元，对于购买第二只包子愿意出的价格可能是 1.7 元，对于购买第三只包子愿意出的价格可能只有 1.5 元。因为随着消费者拥有或已经消费的某商品的数量的增加，单个商品对于他的重要性不断下降，他愿意出的购买价格当然也会越来越低。

二、怎么吃自助餐？——消费者均衡

先来看美女李小嫚与帅哥张铁嘴的一段对话。

张铁嘴：美女，吃得怎么样？这里可是全市最好的自助餐馆，请你这样的智慧型人物吃饭，总不能太寒碜吧！

李小嫚：谢谢！我刚才在想，人们吃自助餐的行为可以用边际效用递减规律来刻画。据我刚才观察，几乎所有人（也包括我自己）都先挑选自己最喜爱吃的食物吃，在食用了最喜爱吃的两三种食物后，会逐渐地扩大食用范围，食用那些不是很喜爱吃的食物。为什么人们不会只盯住最喜爱吃的一两种食物一直吃呢？

张铁嘴：因为即使再喜爱吃的食物，食用一定量后，该食物的边际效用也会下降，下降到低于原本不很喜爱吃的食物的边际效用时，人们就会开始食用那些本不太喜爱吃的食物。为了使吃自助餐的总效用最大（也就是达到经济学上的消费者均衡），对于许多食物都应食用，且应使食用的每种食物的最后一单位提供的边际效用分别都相等。我讲得不错吧？你难不倒我。但我却要问你，我刚才只吃了生鱼片和色拉，你如何解释呢？

李小嫚：我注意到，你对生鱼片吃得很多，色拉吃得较少，这并不违反你刚刚的理论分析。至于你只吃两种食物，这无关紧要，只说明直到这两种食物将你撑饱，它们的边际效用还没有低于其他食物对你的边际效用。即使你今晚只选择吃一种食物，也只是说明直到你吃完，这种食物的边际效用还没有低于其他食物对你的边际效用。我这样的大美女坐在你面前，分散了你在美食方面的注意力，你吃得少一些也是正常的嘛。

张铁嘴：哈哈哈哈！那你能不能详细分析一下为什么为了使吃自助餐的总效用最大（也就是达到经济学上的消费者均衡），应该使食用的每种食物的最后一单位提供的边际效用分别都相等呢？

李小嫚：以生鱼片为例，如果它的最后一单位为你提供的边际效用高于其他任何一种食物最后一单位提供的边际效用，你只要少吃一点其他任何一种食物以换取多吃一单位的生鱼片，你今晚吃自助餐的总效用就会更高。这好理解吧？只有当食用的每种食物的最后一单位提供的边际效用分别都相等时，总效用才是最高的。因为无法再提高了，任何一种改变现在食用的食物组合的行为都只会使总效用降低。

上述对话中提到的**消费者均衡指的是消费者在某一个时段从其消费组合中获得最大的总效用的消费或购买状态。**

均衡是经济学中的一个常用词，大体是指某种经济现象处于稳定状态，起码短期内不会变化。均衡有些相当于物理学上的平衡。如果消费者在某一个时段从其消费组合中能够获得最大的总效用，他就不会去改变这个消费组合，不会去改变这个消费或购买状态，所以这一消费组合就处于稳定状态或均衡状态。

由上述可知，消费者均衡的条件是消费的每一种商品的最后一单位提供的边际效用分别都相等。

再以学生的暑期生活为例。如果暑期活动很单调、贫乏，那么少数活动带给学生的边际效用会急剧递减。可以想象，如果天天从事某一活动，即使一开始觉得好玩，最后也会觉得很乏味的。学生在整个暑期的总效用不会高。根据消费者均衡理论，应该进行丰富多彩的暑期活动，并使每一种活动的边际效用都相等，这时，学生的暑期生活才最愉快。

为了对比，再举个例子。假设某人已有的相关衣物都破旧不堪。他现在可以用于购物的收入为 8 000 元，假如这 8 000 元的用途有如下三种：①购买 5 套西装；②购买 5 双皮鞋和两台电视；③购买 1 套西装、2 条领带、3 双皮鞋、1 台电视和一些其他衣物。显然，第三种用途能使 8 000 元的货币收入带给这个人的总效用最大。或者说，第三种消费结构属于消费者均衡。这个例子说明，并非所有的消费组合都是合理的。

消费者在消费者均衡条件下对某种商品或某些商品的需求就成为市场上的消费需求。譬如在上例中，那个消费者只会在合适的价格水平购买 1 套西装、2 条领带等。

专栏 1-1
旅游胜地的旅游选择

张、王、李是某保险公司的三位业务员。公司为表彰他们的出色业绩，决定出资让他们去风景名胜旅游一次，可供选择的旅游胜地有西安、黄山、九寨沟。张过去到过黄山、九寨沟，这次毫不犹豫地选择去西安。王到过黄山两次、九寨沟一次，未曾去过西安，且公司所在城市到西安的路程更远，费用更贵，即公司出资额更多。但他非常喜爱黄山的鬼斧神工的自然风光，尽管也想去看看古城西安的风貌，然而王还是选择了利用这次机会三登黄山。李到过黄山，未去过九寨沟，但他更喜欢历史人文景观，便选择了去西安。三人都觉得自己的决定很正确、很合理，一周之后，都带着旅游的兴奋心满意足地回到了公司。

思考与讨论：

(1) 运用经济学理论解释为什么三人都没有选择去九寨沟？

(2) 设想王到过十多次黄山，未去过西安，今后又碰到案例中的机会，他仍选择去黄山的可能性大吗？

三、吃炒粉加鸡蛋的故事——行为经济学“别有洞天”

人们经常提到一个案例，街上有两家相邻的炒粉店，其他条件都差不多，但一家的营业额却要比另一家高得多。因为一家店的老板娘卖炒粉时总是问顾客，你加两个鸡蛋还是加一个？而另一家店的老板娘习惯问顾客，你是加鸡蛋还是不加？这个案例阐释了行为经济学中锚定效应的重要性。

（一）锚定效应

锚定效应，也叫沉锚效应，指的是人们在作出判断和决策时，易受第一印象或第一信息支配，就像沉入海底的锚一样把人们的思想固定在某处。人的消费决策和其他行为决策，都不同程度地存在锚定效应。上述那位问顾客加两个还是一个鸡蛋的老板娘给顾客的心理暗示是，吃炒粉是必须要加鸡蛋的。要选择的只是加一个还是两个。这就有一种锚定效应：必须加鸡蛋。而另一家店的老板娘对顾客就没有锚定效应和心理暗示，许多顾客就选择不加鸡蛋。

依此推论，如果某男生对心仪的美女说：“学校大门对面新开了一家餐馆，我晚上请你去那里吃饭，还是请你去我们案例小组上次吃烧烤的地方吃烧烤？”这样的邀请肯定比说“我晚上请你吃饭好不好?”的效果要好得多。

锚定效应本来是心理学的一个名词,后来也成为行为经济学中的一个重要分析工具。行为经济学是经济学的一个细分领域。

如果你想买房,据说房产中介一般会先向你推介对你来说房型、位置、楼层等方面缺点比较明显的房子,而把最想卖给你的房子放在最后。买房人在看了前面的缺点比较明显的房子后,锚定效应容易使他认为房产中介最后给他推介的房子比较之下很不错了,于是决定购买。如果房产中介一开始就向他推介这套房子,他可能觉得也只是一般,后面还可能会有更好的。等到看了后面的房子后,可能他会觉得都不怎么样,就不想买了。

这些就是别有洞天的行为经济学所要研究的。简单地讲,行为经济学是将人的经济行为分析与心理学等结合起来,分析人的经济行为的一些规律。经济学家结合心理学知识分析人的经济行为早已有之,2017 年度的诺贝尔经济学奖授予研究行为经济学的芝加哥大学教授理查德·塞勒更是使得这一研究领域受人瞩目。行为金融学可以被看作行为经济学的一个分支。

还可以举出一些有趣的现象:

奢侈品店进门处摆放许多标价几十万元的商品,离门口稍远一些的地方摆放着价格一万元左右的商品,这往往让消费者觉得这种奢侈品合算。这个地方摆放的商品往往比摆放在进门处附近要卖得好。

超市货品的标签,把“原价 260”划一杠,下面写上“现价 190”(实际上本来就是这个价格),往往更容易卖出。因为原价就是一个锚点,现价比原价低得多,这样更容易让顾客作出购买决策。许多网上购物平台的促销活动就是这样的套路。

(二) 羊群效应

从众行为或者羊群效应是行为经济学中的又一个重要的分析框架。这类现象有:

就餐人数越多的餐馆,喜欢去就餐的人越多。就餐人数越少的餐馆,愿意去就餐的人就越少。

2003 年“非典”刚暴发时,有的人去药店买板蓝根,然后带动了越来越多的人去买。其中不少人明明知道板蓝根对于防治非典几乎毫无作用,但就是莫名其妙地从众购买。

通货膨胀期间抢购的羊群效应有时也是令人瞠目结舌的。有的人甚至连酱油都会一次买十几瓶。

在农民工进城的初期,一开始往往是一个村庄先有少数几个人尝试进城打工,然后村里的其他人觉得也应该出去打工。并带动附近其他村庄的人产生从众行为。

不管你在哪一个城市,你几乎都可以发现,某一条街道或者某一个区域的铝合金店往往是来自外地同一个地区甚至是同一个村庄的人开办经营的。装修店、餐馆、经济型酒店等也有类似情形。这实际上也是一种羊群效应。

在大学生或研究生毕业寻找就业岗位时，他们中的大部分人往往先选择去某个相同或相近的行业。譬如，财经类专业的毕业生一度首先考虑的是去券商，而且是去投资银行岗位。

在金融投资方面，羊群效应常常更是较为明显。股市牛市行情过程中，许多人常常是一哄而上地见到涨得还不多的股票就买，结果常常是买到"山顶"的价格。股市熊市过程中，许多人常常争先恐后地抛股甚至不惜割肉抛股，结果可能是在所谓的地板价抛了。有的投资者曾经在某个股票或者某个板块的股票上赚了钱，然后他们就经常盯着这个股票或者这个板块的股票。一旦有他们认为的机会，还会再去买这个股票或者这个板块的股票。反之，有的投资者曾经在某个股票或者某个板块的股票上亏了钱，他们后面在相当长的时间都不愿或者不敢买这些股票，哪怕这些股票的基本面发生了重大变化。

锚定效应和从众行为，不仅存在于个人的消费决策和工作决策中，也体现在企业和个人的投资决策中。譬如，企业曾一窝蜂地投资光伏行业、风电行业。

这里介绍的只是锚定效应和羊群效应。当然，行为经济学的研究所依托的绝不只是这两个分析框架。

复习思考题

1. 熟悉下列概念。

效用	边际效用	边际效用递减规律
消费者均衡	锚定效应	羊群效应

2. 富有的人对于丢失 100 元现金表现得无所谓，贫穷的人对于丢失 50 元现金却表现得焦虑不安，请用边际效用递减规律对此加以说明。

3. 对于一部精彩的电视连续剧，观众每看一集后，又会兴致盎然地期待下一集。这似乎与边际效用递减规律相矛盾。你对这一现象是如何理解和认识的？

4. 列举日常生活中边际效用递减的例子。

5. 消费者均衡理论对于你的行为选择有什么启示意义？

6. 从行为经济学的角度列举并尝试分析人的一些经济行为。

同步训练

第 2 章　企业决策的依据

企业从事生产经营的目的是获得利润。从企业自身的角度来说，能否获得利润或能够获得多少利润，除了决定于企业的生产状况外，还决定于企业的成本状况。企业的任何决策，都不能脱离这两点。

一、保洁员从松散走向固定——企业的产生与交易费用

多年前，李先生与妻子从外地来到上海谋生。由于学历低，也没有什么技术专长，他们就先做起了保洁员，上门为居民提供保洁服务。他们的保洁服务让客户很满意，电话约请他们上门保洁的客户越来越多。于是，他们逐渐地成为了保洁服务的接单人和组织者，将具体的保洁工作分派给一些老乡。过了一段时间后，矛盾越来越突出。有的老乡认为李先生夫妻俩从客户那里接到的钱多，而自己得到的钱少，李先生夫妻俩作为中介扣留的钱过多，所以他们经常与李先生夫妻俩争吵。有的人会突然告诉李先生夫妻俩，自己有事，不能在客户指定的时间上门提供保洁服务。还有的人服务质量不到位，客户不满意。李先生夫妻俩与他们磋商的效果常常不佳，也就是交易成本（费用）较高，因为与他们并非上下级关系，只是平等的市场交易关系。

李先生夫妻俩思来想去，在别人的建议下，申请了营业执照，正式成立了保洁公司。尽管是一个小小的公司，但也毕竟是一个企业。李先生任经理。保洁公司成立后，招募了几名比较靠谱的保洁员作为企业的正式职员，年底可以按照一定比例分红。这样一来，安排保洁任务就比过去简单、高效多了，因为保洁任务的安排现在体现为企业经理对下属职员交代任务了。原来的平起平坐的市场交易磋商变成了现在上下级的任务安排了。这就是成立企业的好处。

美国经济学家科斯（1991 年获诺贝尔经济学奖）1937 年在《企业的本质》这篇论文中对企业产生的原因作了影响深远的经典性解释。

科斯认为，通过市场进行的各种交易是有成本的，这种成本就是交易成本，或称交易费用。简单地说，交易费用就是为了完成市场交易而发生的一切成本（费用）。按照具体的市场交易活动所涉及的一般性程序，大致可将交易费用分

为:寻找和发现交易对象的费用;了解交易价格的费用;谈判(讨价还价)的费用;订立交易契约(也译为合约)的费用;履行合约的费用;监督交易对象履约的费用;制裁交易对象违约的费用;等等。当然,这里的费用除了体现为货币支出外,还体现为时间、精力等的耗费。为了各类交易[①]活动(事项)的进行和完成所发生的人与人之间的交往成本显然也属于交易成本。譬如人际关系的建设、维护成本;与管理部门及其人员的协商成本;等等。

为了降低和减少交易费用,就需要成立企业。在企业这一组织形式中,由企业家来管理生产资源、组织生产经营及合作。企业将许多原本外在的市场交易转化为内部的交易关系或内部的合作关系,从而降低了交易费用,这正是科斯所说的企业的本质。企业是指在经济社会中为了赚取利润而从事生产、经营的经济单位。

上述李先生夫妻原来与外请保洁员的协调成本即交易成本很高,后来在企业这一组织形式下,交易成本就大大降低了。因为原来要协调的很多东西现在不需要去协调了。但任何一个企业总是还要同外面的人或外面的市场打交道(交易)的,所以交易成本只是减少了,而不是完全消失了。

二、乳品生产商为什么喜欢收购奶牛养殖场?——产业链的功能

如果你经常关心财经新闻或者注意上市公司的信息披露,就可以发现,伊利、蒙牛、光明等乳品生产商喜欢自建或收购奶牛养殖场。这实际上是健全、完善产业链的行为。健全产业链已成为许多企业战略性决策的重要内容。

产业链指的是生产经营过程中具有上下游关系的企业构成的一种经济联系。例如,布匹是服装生产的上游,服装专卖店是服装经营的下游。奶牛养殖是乳品生产的上游,销售牛奶的超市等是乳品生产的下游。

由于人们不可能预测到将来会发生的所有的事情,市场环境也是经常变化的。上下游企业之间签订的协议不可避免地存在不完备之处或者漏洞。于是,上游的企业就可能会利用协议中的不完备之处刁难下游企业,要求将卖给下游企业的产品价格提高,或者下游的企业有意刁难上游企业。也就是,产业链上的企业之间的交易成本常常是很大的。这就促使越来越多的企业喜欢自建或购并(购并往往体现为控股)同一产业链上的其他企业,以减少市场摩擦或交易成本。

① 交易费用理论中的"交易"原本指的是商业性事项、经济活动,但后来也经常泛指几乎所有领域的双方或多方的互动性活动(事项)。

上述的乳品生产商之所以喜欢自建或收购奶牛养殖场，是因为如果奶源质量得不到保证，那么乳品生产技术水平再高，最后的奶制品的质量也是无法保证的。而奶源的质量问题往往是一般的常规检查发现不了的。只有自建或收购奶牛养殖场，乳品生产商的管理才能真正覆盖奶源质量。如果奶牛养殖场与乳品生产商是平等的市场交易伙伴关系，那么围绕奶源的质量、交货期等问题的争吵和矛盾是经常发生的。

较高的交易成本往往是由于上游产品的生产经营企业较少而容易结盟，或者市场对上游产品的需求量非常大，或者上游产品的特性使得产品供应不够稳定，从而使得上游产品的供货时间、质量、价格等不能得到可靠的保证甚至能否充分地供货都不能确定。或者下游企业的数量较少，从而形成对上游企业合作中的强势地位，产生较高的交易成本，等等。

但在有些企业的生产经营环境中，交易成本本来就不高甚至较低。譬如，如果白酒生产企业去并购玻璃器皿厂就不能被认为是合理的。虽然白酒生产企业需要玻璃器皿厂生产的酒瓶，但可以生产玻璃酒瓶的企业众多，它们之间的市场竞争非常激烈，许多玻璃器皿厂都巴不得与白酒生产企业有长期稳定的合作关系，不太可能会在上、下游关系的合作中刁难白酒生产企业。也就是说，白酒生产企业与它们的市场交易成本不会高，反而是并购玻璃器皿厂后的整合成本可能会更高，因为白酒与玻璃器皿的生产工艺、销售渠道、管理风格等是有很大不同的。玻璃器皿厂的产品也不全部是酒瓶。

类似的道理，钢铁厂去并购汽车厂或者汽车厂去并购钢铁厂一般都是没有必要的，不仅它们的投资分别都很大，生产工艺和管理上的跨界都较远，而且一个汽车厂的用钢量只占钢铁厂产量销售的一小部分。行业特性也决定了汽车厂购买合格的钢铁用材相对还是比较容易的。钢铁厂如果去并购铁矿倒有较大的可能是合理的，因为可以稳定趋于供应紧张的铁矿石。但铁矿如果去并购钢铁厂很可能不是合理的行为，因为铁矿石一般不愁卖不出去。水泥厂去并购房屋建筑公司、餐饮公司去并购厨具生产公司等都不是合理的完善产业链的行为。

现在看来，手机生产商投资建设自己的手机芯片生产厂或者并购其他的手机芯片生产商则是非常必要的完善产业链的行为。华为公司的产业链问题说明产业链还经常是一个国际政治问题。

三、和尚挑水的故事——边际生产力递减规律

“一个和尚挑水吃，二个和尚抬水吃，三个和尚没水吃”实际上形象地诠释了边际生产力递减规律。边际生产力递减也常常称为边际产量递减。

例如，原来 10 个劳动力与 5 个单位的机器等固定投入相配合，一天可以生产出 50 个茶杯。现在增加一个劳动力，11 个人与 5 个单位的机器等固定投入相配合，一天可以生产出 53 个茶杯，也就是增加的那个劳动力的边际产量为每天 3 个茶杯。

假设某餐馆的厨房面积较大，有三个灶台。但开始时只有一个厨师，既要炒各种各样的菜，又要洗菜。一定的营业时间里，能够炒出来并提供给客人的菜肴很有限。这时增加一个厨师，两个厨师之间进行分工，一人专门负责海鲜和肉类的烹饪，另一人专门负责炒蔬菜和洗菜。这样，在相同的营业时间里，他们制作的菜肴数量明显地增加了。后来，又陆续增加了一个厨师和一个专门的洗菜工，分工进一步细化和合理，厨师 A 在 1 号灶台专门负责海鲜的烹饪；厨师 B 在 2 号灶台专门负责肉类和汤类的烹饪；厨师 C 在 3 号灶台专门负责炒蔬菜和制作冷盘。这样，在相同的营业时间里，他们可以为更多的客人提供餐饮服务。这之前，每增加一个人，都使得大家的分工可以更加细化和科学，对厨房等固定资产的利用更充分、合理，因而其带来的边际产出是逐渐递增的。但在厨房工作人员增加到一定数量（譬如 4 人）后，继续增加人员，就会发生边际产量逐渐递减的现象，因为厨房面积就只有那么大，灶台就只有三个。在 5 个厨师的情况下，厨房制作的菜肴数量也许还会增加一点。但如果七八个厨师挤在那里，就会发生严重的窝工现象，厨房制作的菜肴数量可能不会有任何增加，甚至在相互不满的工作环境中，大家都越来越懒，制作的菜肴数量反而比过去减少了，于是，边际产量体现为零甚至为负数。

上面厨房的故事表明，**如果投入的其他资源不变，只是不断地增加某一种资源的投入，则这一种投入的边际产量最终会逐渐减少。这就是边际生产力递减规律或边际产量递减规律。**企业在生产经营过程中的资源投入是不得不考虑边际生产力递减规律的。

四、国美当初的神奇所在——规模经济

专栏 2-1　国美家电零售连锁店当初的神奇所在

电视机、空调、冰箱、洗衣机等家电过去是在众多的百货商店和其他商店出售的。1987 年 1 月 1 日，国美电器成立，当时它还只是北京珠市口一家 100 平

方米左右的小门店。但国美凭借先进的经营理念和营销方式迅速发展。1990年,国美在家电流通业内首创供销模式,跳过中间商,与生产厂家直接接触,搞产品包销制。这使得以更便宜的价格出售家电产品成为可能。1991年,国美率先在《北京晚报》刊登报价广告,借助广告这一现代营销手段引导顾客消费,走出了坐店经营的传统模式。1992年,国美在北京地区初步进行连锁经营,并将所有店铺统一命名为国美电器。

统一的采购队伍和采购平台、统一的送货人员和车辆、统一的售后服务体系、较为完善的连锁经营管理框架等使国美能较好地享受到规模经济效应①,降低经营的平均成本。而那些百货商店由于缺乏家电销售的规模经济效应,家电的销售价格居高难下,零散的售后服务也无法令顾客满意,于是在国美面前纷纷败下阵来,不再销售大件家电。1999年7月,国美走出北京。集中、专业化的销售模式和较低的市场售价很快受到其他城市的消费者的欢迎。

国美后来又凭借其众多的销售门店和令人羡慕的家电销售市场占有率的优势,在与家电生产企业就进货价格的谈判中取得了较主动的地位。可以说,这是凭借规模经济优势进一步地获得规模经济效应。2000年7月,针对彩电生产企业的限价协议,国美强硬应对,最后迫使彩电限价联盟成员降价。试想一下,如果这是一家不具备相当规模经济优势的企业,能击垮多家国内彩电生产巨头组成的彩电限价联盟吗?

国美后来发展为一家以经营各类家用电器为主的全国性家电零售连锁企业。2004年,国美在香港成功上市。2007年,国美已在全国240多个城市拥有直营门店近千家,年销售能力达800亿元以上。

在商业模式不断发展的浪潮中,国美后来也遇到了很多的困难,但它当初的神奇仍是人们后来津津乐道的案例。它当初的神奇所在就是专业化及对规模经济的运用。当然,国美后来在应对市场环境变化的经营管理方面出了问题,企业应该从中吸取教训。

思考与讨论:

为什么说国美家电零售连锁店当初体现了规模经济要求?

规模经济是指由于产量水平的提高,或者说生产规模的扩大而引起的产品平均成本的降低。与此相反的是规模不经济。**规模不经济指的是由于生产规模的扩大而引起的产品平均成本的提高。**一般地,企业规模过小,被称为缺乏规模经济效应,这与企业规模过大时产生的规模不经济是有区别的。

① “效应”(effect)这个词在经济学中经常被使用。它是从英文翻译过来的,意思是影响、后果等。规模经济效应的意思就是带来的规模经济方面的影响。

在生产(经营)开始扩张的阶段,一般而言,企业会开始享受规模经济效应。因为从企业内部而言,大规模生产可以实行更细致的专业化分工;采用现代化的技术设备和科学管理手段;更好地共享某些生产资源和管理系统;等等。这些都会提高生产效率,节省管理费用。从企业外部而言,大规模生产还可以使厂商在与原材料供应商或产品经销商之间的谈判中增强自己的地位,从而降低成本或提高收益;也有助于同其他厂商建立稳定的生产、技术联系;增强顾客对本企业产品的信赖心理;等等。

可以想象,在譬如生产资源投入增加30%(即增加1.3倍)的条件下,产量增加了50%,则分摊到每一单位产量的平均成本显然会降低,即产生规模经济。在存在规模经济效应的条件下,与其建多个相同规模的小企业,不如集中全部资本建一个大企业。

特别要说明的是,在投入资源不变的条件下,由资源更好地共享所引起的产量(收益)的增加也被看作规模经济。例如,一辆大卡车从上海运输30台冰箱到苏州与运输5台冰箱相比,由于运输成本几乎是完全相同的,平均分摊到每台冰箱的运输成本大大地降低了。这当然属于规模经济。

人们在举行婚礼时以及其他一些重要场合,往往会从礼服店租礼服。女士礼服的租金往往比男士礼服的租金贵得多。为什么呢?因为女士礼服的式样多,礼服店要购买各式各样的女士礼服,很可能一件礼服一年也只有一两位女士来租。而男士礼服基本上就是西装,往往一套西装一年里有很多人来租,相对而言具有规模经济效应,所以租金较便宜。而且,礼服店当初购买时,往往女士礼服的价格就比男士礼服高,因为产量较多的男西装可以享受一个设计版式,生产的工艺流程的统一性也较高。多姿多彩的女士礼服的平均设计成本和平均生产成本却要高得多。

随着互联网技术和大数据技术等的快速发展,平台经济也获得了迅猛发展。平台实际上就是规模经济的一种实现形式。譬如,淘宝购物平台的建设成本、维护成本等几乎是既定的,网上交易量越大,平摊的成本就越低。

当生产(经营)扩大到一定规模以后,如果继续扩大生产规模,迟早会出现规模不经济。这是因为从企业内部而言,规模过大,层次过多,企业组织内部难以协调,决策不容易顺利贯彻,等等。这都将导致生产效率降低,产品的平均成本提高。从企业外部而言,由于规模太大,组织层次过多带来的效率低下还会"赶走"一些合作厂商,同时资源条件可能发生困难,产品销路也受到市场约束,等等。这些因素综合在一起,会导致规模不经济现象。可以想象,在譬如生产资源投入增加80%的条件下,产量仅增加了50%,则分摊到每一单位产量的平均成本显然会提高,即产生规模不经济。

这说明生产规模或企业规模不能无限制地扩大，过分求大也是有害的。

不同的行业之间，规模经济效应存在着很大差别，如制造业因需要大量的设备投入，规模经济效应所要求的资产规模和企业规模一般比许多服务行业要大得多。

五、海尔为什么既生产空调又生产冰箱？——范围经济

海尔、美的等家电企业既生产空调又生产冰箱，是因为生产它们的制冷技术是完全相通的，生产工艺在很多方面也是相近的。这样，生产它们的总的平均成本就可以下降。这是对范围经济的利用，或者说，是企业追求范围经济效应。

产生范围经济的前提条件是，企业拥有的技术、投入的资源等能够基本满足两种或更多种产品的生产经营要求。例如，有的厂商既生产空调，又生产冰箱、冷柜等，这些产品在生产中需要的技术和生产设备带有很大的共通性；银行营业网点在办理传统的存取款主营业务外，也利用现有的场地和人员销售（代卖）证券投资基金等理财产品。

还有一种情况是，厂商在从事某种产品的生产时会自动和不可避免地产生副产品，这些副产品或直接或经过简单加工后便可形成另外的产品。例如，火力发电厂利用发电过程中排放的煤渣生产水泥；生产家具的厂商利用生产中的边角料和木工与油漆技术制作儿童玩具（如果专门建一家儿童玩具厂，还要专门去购买木头和招收木匠等）；养鸭场同时加工生产咸鸭蛋；等等。

上述情形下的多种产品的生产经营，其成本往往低于由多家企业分别单独生产时的总成本，因为在联合生产多种产品的过程中，生产资源在相当大的程度上被共享。在此条件下，利用现存的资源去生产另一种产品，其成本一般较低，尤其是大大低于专门、单独生产另一种产品的成本。可见，**范围经济指的是企业利用其投入的基本资源，生产（经营）具有一定共通性的多种产品而带来平均成本的减少。**

当然，生产经营的产品太多，管理水平跟不上，生产效率下降，平均生产成本就会大幅上升，产生**范围不经济**。

需要说明的是，范围经济与规模经济是有区别的。规模经济主要指一种产品的生产。一家生产两种产品的企业可以在规模不经济时获得范围经济，而一家生产单一产品的规模庞大的企业可以不拥有范围经济。当然，具有规模经济的企业容易拥有范围经济。

现实经济社会中，企业自建或者并购的主要目的或是追求规模经济，或是追求范围经济，或是减少市场摩擦、减少交易成本，或是多元化经营（生产经营多种

不同的产品)以分散单一经营可能会有的经营风险。但是多元化经营如果操作不当,就会带来更大的经营风险。

大致从2004年开始,发家于海南省的海航集团开始了一系列的全球化疯狂收购。围绕航空主业,收购国外航空公司、酒店、保障、租赁、地面服务等业务,逐渐构筑起所谓航空旅游、现代物流和现代金融服务的三大支柱板块,囊括航空、地产、酒店、商品零售、旅游、金融、物流、船舶制造、生态科技等业态。

结果,许多业务既不能给公司带来规模经济,也不存在范围经济,也不属于健全产业链的合理行为。令人眼花缭乱的众多业务带来的是严重的规模不经济和范围不经济。管理水平跟不上,经营绩效不能提高,债务却迅猛增长。2020年年初,从1 000万元起家到负债7 500亿元的海航的董事长自曝没钱发工资了。最后,曾经风光一时的海航集团只能无奈地接受重组。

六、这家夫妻店赚钱吗?——机会成本、隐性成本与正常利润

专栏2-2　夫妻店赚钱吗?

一对夫妻在街边开了一个小商店,每个月的营业收入减去购进货物的成本、电费和管理费等,每个月剩余的收入为2万元。这2万元形式上体现为"利润"。但是,这对夫妻每天的劳动并未从自己的商店领取工资报酬,如果他们分别去给别人打工,按通行的市场价格计算,每个月他们两人可以得到共8 000元工资收入;这个用于开店的街面房是他们自己的房产,如果用来出租,可有每月7 000元的租金收入;开店投入的资金也是他们的自有资金,如果这笔资金存放在银行,每个月可以产生2 000元的利息收入。

思考与讨论:

这对夫妻实际上每个月赚钱吗?每个月的形式上的"利润"为多少时是他们继续经营这个小商店所必需的最低报酬?上述情况下每个月的形式上的"利润"为1.5万元时,这对夫妻还会继续经营小商店吗?

要回答上面专栏中的问题,就要先了解机会成本、隐性成本和正常利润等概念的内涵。

机会成本是指由于使用某些资源所放弃的该资源其他用途的最高代价。例

如，某人用自己的一间临街门面房开设一个咖啡馆。如果开设一间小商店，每月会有纯收入 800 元；如果出租这间房子，每月的租金会有 900 元；除此别无其他用途。那么这间房子用于开设咖啡馆的机会成本便为每月 900 元。

如果开设咖啡馆每月的纯收入为 820 元，虽然表面上看是盈利了，但咖啡馆并不值得继续开下去，因为出租是更好的选择。从机会成本的角度又可以说明隐性成本，以及与隐性成本相对应的显性成本。

显性成本是指会计账目中可以列示和反映出来的成本，又叫会计成本。包括工人的工资、借入资本的利息、原材料和固定资产的购买费用等。

隐性成本是指应该计算为成本但却未在形式上作货币支出的企业本身所拥有的生产资源的报酬。或者说是企业（生产者）使用的自有生产资源应得的报酬。例如，一个夫妻店，店主夫妇每天工作 10 小时，但往往并未在形式上领取货币工资。应该领取的这笔工资属于隐性成本。他们所有的店铺设备也往往未在形式上领取租金，这笔租金也属于隐性成本。从这对夫妻可以受雇于别人而领取劳动报酬及将店铺设备出租给别人而领取租金等的角度看，隐性成本显然属于机会成本范畴。隐性成本在会计账目中是无法列示和反映出来的。

显性成本与隐性成本之和构成了企业的经济成本或生产成本。厂商的销售总收入减去经济成本便是经济利润。

经济利润又称为超额利润，一般简称为利润。它与正常利润是有区别的。

正常利润包括企业所有者自己投入的资金应得的利息、企业所有者投入的自有资产应得的租金，以及他们付出的劳务应得的薪金等。正常利润是企业经济成本或生产成本的一个构成部分，从成本的角度看，正常利润就是隐性成本。正常利润是让一个企业所有者继续留在原产业从事生产经营所必需的最低报酬。如果他得不到这笔报酬，他会将资本转移到其他行业。

正常利润如何衡量呢？它通常由经济社会通行的投资回报率或资金的平均收益率来衡量。正常利润一般地归属于企业投资者。

归纳一下上面的分析，可以得到：

会计利润＝总收入－会计成本（显性成本）

经济利润＝总收入－经济成本

＝总收入－（显性成本＋隐性成本）

＝总收入－（会计成本＋隐性成本）

＝总收入－（会计成本＋正常利润）

现在来回答上面专栏 2-2 中的问题。

(1) 这对夫妻实际上每个月赚钱吗？

赚钱。经济利润＝20 000－(8 000＋7 000＋2 000)＝3 000 元。

(2) 上述情况下的隐性成本是多少？

隐性成本＝8 000＋7 000＋2 000＝17 000 元。

(3) 每个月的形式上的“利润”为多少时是他们继续经营这个小商店所必需的最低报酬？

17 000 元。

(4) 上述情况下每个月的形式上的“利润”为 15 000 元时，这对夫妻还会继续经营小商店吗？

不会继续经营小商店。

企业在生产经营过程中的机会成本、隐性成本和正常利润以及对它们的态度，与上述的夫妻店类似。

沉没成本也是经济学中的一个重要概念。**沉没成本指的是已经发生和支出，但无法再收回的成本。**例如，某企业花费 20 万元在某县城为自己的产品做广告，但很快发现由于地方风俗习惯方面的原因，该县的消费者是肯定不会购买自己的产品的。这 20 万元就属于无法收回的沉没成本。如果硬是要调集一部分员工将产品运过去销售，企业的损失会更大。所以，对沉没成本的正确态度是马上止损，不要去试图收回。

某高校经济学专业毕业班的一对男女学生谈恋爱，后来男生提出分手，女生不肯，经常去找那男生吵闹。男生向班主任汇报。班主任找来女生，让女生不要去吵闹。女生说：“我跟他谈了两年恋爱，这两年我失去了很多与其他帅哥谈恋爱的机会，我的机会成本很大，不能这么轻易地放弃。”班主任劝女生说：“他的机会成本也一样很大呀，甚至比你的机会成本还要大呢，所以不要想不开。”女生又说：“他没有机会成本。因为我现在知道了，他在跟我谈恋爱的同时，还与其他人谈恋爱。”班主任一愣，继续说：“那这样的人值得你去爱吗？如果真的如你所说，你在他身上花费的感情就是沉没成本，应该及时放弃和止损才对。青年人应该树立正确的恋爱观，不能朝三暮四，不能同时脚踏多只船。另一方面，对朝三暮四的人也应该远离。”请从经济学角度评论上述师生两人的对话。

七、洗衣机厂如何选择最佳产量？——利润最大化

专栏 2-3　洗衣机厂如何选择最佳产量？

根据市场调查，某洗衣机生产厂生产某型号的洗衣机周产量超过 2 万台时，

洗衣机的价格将随市场供给量的增加而在一直稳定的 2 300 元的基础上以 50 元依次递减，即周产量分别为 20 001 台、20 002 台、20 003 台、20 004 台、20 005 台时，价格分别为 2 250 元、2 200 元、2 150 元、2 100 元、2 050 元当然由于成本关系，价格跌至一定程度时，厂家会停止生产。另一方面，洗衣机周产量超过 2 万台时，继续增产将促使生产的边际成本明显上升，譬如，需要工人加班，从而要支付加班费；超负荷运行的生产设备需要增加维修；等等。周产量分别为 20 001 台、20 002 台、20 003、20 004 台、20 005 台时，边际成本分别为 2 020 元、2 050 元、2 100 元、2 180 元、2 280 元。

思考与讨论：

洗衣机厂的最佳产量是多少？或者说，洗衣机厂的产量为多少时能给企业带来最大利润？

为了回答上述专栏中的问题，先解释两个概念：企业的边际收益与边际成本。**边际收益（由 MR 代表）指的是企业增加最后一单位产品的生产或销售所带来的总销售额的增加部分，**如某家具生产企业原销售额为 10 万元，现在增加一套家具的销售，总销售额增加到 10.3 万元，那么边际收益就是 0.3 万元。**边际成本（由 MC 代表）指的是企业增加最后一单位产品的生产或销售所带来的总成本额的增加部分。**

需说明的是，严格说来，产量与销售量是有区别的。但为方便起见，理论分析中一般假定产量与销售量是等同的，即市场销售方面不存在问题，生产出来的产量总是能够全部销售出去。

如果 MR＞MC（不妨假设 MR 为 20 元，MC 为 15 元），意味着企业继续扩大产量可使利润增加。反之，如果 MR＜MC，则意味着每增加一单位产量反而带来损失，从而引起总利润减少。

所以，**企业达到总利润最大化的条件是，把它的产销量调整到一定数量，这个数量的最后一个单位的产品所提供的边际收益（MR）恰好等于它的边际成本（MC），即 MR＝MC。**换言之，MR＝MC 是利润最大化的条件。

然而，现实经济社会中，MR 与 MC 恰好完全相等的情况是很罕见的。那就将 MR 与 MC 尽可能地接近的那个产量视为利润最大化的产量。

所以，专栏 2-3 中洗衣机厂的最佳产量是 20 003 台。因为这时 MR 与 MC 最接近。

理论上，企业在生产经营过程中的产量决策，总是会去努力追求那个 MR 与 MC 相等或尽可能地接近的产量。

复习思考题

同步训练

1. 熟悉下列概念。

交易费用	产业链
边际生产力递减规律	规模经济
规模不经济	范围经济
范围不经济	机会成本
显性成本	隐性成本
正常利润	沉没成本
边际收益	边际成本

2. 下列中哪些属于经济学意义上的企业？

中国银行	中国人民银行
海通证券公司	华东师范大学
“全家”便利店	上海海关
香格里拉酒店	“文瑾”理发店
百度	

3. 一般而言，下列行为中，哪些属于规模经济？哪些属于范围经济？哪些既没有规模经济也没有范围经济？

(1) 铁路部门将 A 城开往 B 城的客车车厢由过去的 8 节增至 12 节。

(2) 铁路部门决定客运列车顺便承担部分货运业务。

(3) 铁路部门将单层客运车厢改为双层车厢。

(4) 将非就餐时间的餐车车厢用作茶座。

(5) 冰箱生产厂家也开始生产保健饮品。

4. 某人在 2 月 1 日以每股 5.20 元买进 A 股票 1 万股，7 月 1 日以每股 8.10 元卖出。而 2 月 1 日 B 股票的价格为 3.80 元，7 月 1 日的价格为 7.90 元，请用相关成本理论分析该人的盈亏得失状况。

5. 评论下述对话：

张铁嘴：经济学的收益—成本分析方法适合分析人们的几乎所有行为、选择。人们的任何行为、选择都有目的，这种目的和目的的实现就是效用（收益）或预期效用（预期收益）。例如，你去看电影，这是一种消费活动，看电影所带来的享受是它的效用(收益),它的成本包括影票价格、赶往影院的辛苦及看电影耗用的时间等。如果听别人说,这场电影很好看,即预期收益高,你可能会去看。如果你很忙,有很多事要做,那么看电影的机会成本就很高,或者你觉得票价太贵(即你眼中的成本高),你可能会决定不去看。

即使你看闲书消磨时间,也是一种消费。它的收益是避免过于无聊、驱除寂寞、打发时间,它的成本是找闲书的麻烦、看书时的眼睛疲劳感,起码是对时间这种资源的耗费。

李小嫚:人们的日常行为除了可归于消费外,其余的可归于投资。譬如,我作相关准备工作,去给人家作有偿的家教,这些准备工作就可被看作投资。上个月,有人请我去教物理,但我对物理不太擅长,要花很多时间、精力去准备,也就是需要投入的成本太高,所以我放弃了那次当家教的机会。

张铁嘴:可见,经济学不仅会培养我们对经济问题的思考,也会培养我们对几乎所有日常生活问题和现象的思考。从这个意义上讲,经济学也是一种思考方式、一种思维逻辑、一种分析方法。

6. 由若干同学组成正、反两方举行辩论赛,双方同学先各自阐述本方基本观点,然后依次反驳对方观点,之后再由双方主辩总结,最后由班级其他同学提问、发言。辩论赛题目为:

正方:企业做大才能做强。

反方:企业做强才能做大。

第二篇 市场如何运行——微观角度

消费者的消费需求要通过市场购买商品来得到满足,企业的利润追求则需要通过市场出售商品来得以实现。换句话说,市场是消费者和企业之间联系的桥梁。那么,市场是如何运行的呢?

第3章 市场供求与价格

市场运行的基本原理是需求和供给共同决定商品的价格，价格反过来又调节商品的需求与供给。

一、手机变奏曲——市场的无形之手

在20世纪90年代初期，中国市场上的手机还是稀罕之物。那时的手机还是所谓模拟式的，像一块黑色的大砖头，又被称作“大哥大”，通话效果也比较差。但当时的价格却高达1万元左右，一般只有老板等少数有钱的人才买得起。后来出现了所谓数字式手机，比“大哥大”小了很多，也轻了很多。价格也常常高达1万元左右，而且很难买到，因为生产的企业很少，产量很小。但市场对手机的需求量很大，因为随着民众收入的增长，咬咬牙能够买得起的人在不断增加。手机带来的通话联系的空前便捷使得有手机的人常常引来周围人羡慕的眼光。

由于手机严重供不应求，价格高企，生产厂家的利润相当高。据说当时有的利润率曾经高达70%以上。无须政府号召和下达指令，高价格和高利润率引导了越来越多的企业投资生产手机，有的企业是放弃了其他产品的生产转产手机。这样，生产手机的企业越来越多，手机的市场供给也越来越多。随着手机市场供求关系的变化，手机的价格不断地下降。至2009年前后，大多数品牌的手机价格一般下降到2 000元左右。几年后，随着智能手机的崛起，原来传统的手机价格更是急剧下降，现在150元左右就能买到比较好的传统手机。传统手机的价格大幅下降，又引导许多企业尽快地退出生产，转而去生产利润率比较高的其他产品。所以现在生产老年人用的传统手机的企业很少，而且产量也很小。

智能手机刚出现的时候，价格也很高，后来也有一个随着产量增加而价格逐渐下降的过程。

手机在过去每一个阶段的供不应求都会反映到价格的上涨上。价格是一种市场信号，上涨的价格又像一只看不见的手在指挥和调节企业去多投资多生产。当手机的价格不断下降时，价格又引导企业减少产量，甚至有的企业退出生产。

价格不断地在引导社会经济资源的流动和合理配置。

价格信号对经济资源的配置也就是市场对经济资源的配置，或者说市场对经济资源的配置是通过价格信号进行的。市场机制也就是价格机制。

在市场经济社会，有需求就会有供给，同时，供给也常常会创造需求。

某个新建成的较大规模的居民小区周围暂时没有一家理发店，别担心，可能很快会有商家开起来的。因为精明的商家知道，这周边地区的居民有理发的需求。

没有智能手机的时候，人们不会想到要买智能手机，但只要生产商生产和供给出来了，就会有对它的需求，就会有人要买。供给常常会创造需求。

二、太直观形象了——市场机制的一个规范化图形表示

如图 3-1，横轴代表某产品的数量，纵轴代表该产品的价格。向右下方倾斜的 D 曲线为需求曲线，它表示价格越低，消费者愿意购买的产品数量越多。向右上方倾斜的 S 曲线为供给曲线，它表示价格越高，生产者（企业）愿意生产或供给的产品数量越多。

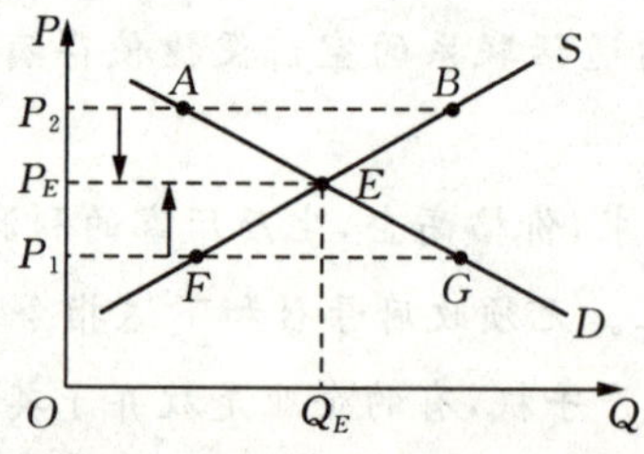

图 3-1　市场供求与价格决定

图中的价格为 P_1 时，需求（表现为 P_1G 的长度）大于供给（表现为 P_1F 的长度），意味着产品供不应求，价格会上升。随着价格的上升，需求量会逐渐减少，供给量会逐渐增加。价格为 P_2 时，供给（P_2B）大于需求（P_2A），意味着产品供过于求，价格会下跌。随着价格的下跌，需求量会逐渐增加，供给量会逐渐减少。只有当价格为 P_E 时，需求（P_EE）正好等于供给（P_EE），即在这一价格水平，买方愿意购买的产品量与卖方愿意出售的产品量恰好相等，这时的价格与产量至少在短时内没有发生变化的内在动力，从而呈现稳定状态。也就是，需求曲线与供给曲线的交点决定的价格（P_E）与产量（Q_E）分别为**均衡价格**与**均衡产量**。或者说，现实中，某一产品的价格之所以能够稳定下来，是因为它的市场供求基本相等。

上面讲到手机在某些时期价格很高，这是从现在的眼光来看。当时的手机价格为什么不下跌？是因为那个时候手机仍然处于供不应求的条件下，或者虽然价格高但供求大体平衡。

简单地讲，当商品的需求大于供给时，商品的价格会上涨（因为大家都抢着买）；当商品的供给大于需求时，商品的价格会下跌（因为大家都抢着卖）。当商品的需求大体等于供给时，商品的价格呈现稳定状态。从另一角度看，价格过高时，商品的需求会减少，供给会增加；价格过低时，商品的需求会增加，供给会减少。

产品的需求与供给共同决定价格，同时价格反过来又自动地影响和调节需求与供给，使市场趋于均衡。这种调节功能就是市场机制的内涵。图 3-1 是对市场机制的一个规范化的直观、形象表达。

专栏 3-1 “倒爷”有功吗？

20 世纪 80 年代，尤其是改革开放之初，由于同一商品在各地的价差较大，一些人便专门从事商品的倒卖。他们在价格低的地方买进商品，然后运到价格高的地方卖出。这些人当时被称为“倒爷”。

1988 年，当时上海的羊毛衫以质量好、品种多、图案新颖等特点而广受全国消费者的欢迎。上海的羊毛衫的单价只有 150 元左右，但在羊毛衫供应不够丰富的北京，上海生产的羊毛衫却要卖到近 300 元。来自北京的“倒爷”乘特快列车早晨到达上海，买好羊毛衫后在当天傍晚乘特快列车离沪，第二天早晨抵达北京。一人一次可以用大的布袋随身携带六七十件羊毛衫。也就是说，扣去车票成本，一趟的净收益有 10 000 元左右，这在当时是很高的。

当时的社会舆论对于这种“倒卖”行为并没有给予很正面的评价，甚至认为它扰乱了市场秩序。“倒爷”也是一个带有贬义的称号。

思考与讨论：

1. 有人说“倒爷”在当时促进了市场经济的发展。你同意这样的说法吗？

2. 还有人说“倒爷”在当今时代实际上也存在，只是现在不用这个词，而且活动形态有所变化而已。你觉得是这样吗？

三、小区旁商铺的关开易主——市场的"无序"与有序

许多人可能经常会发现这样的现象：成规模的小区建成并入住后，旁边的商铺往往会经历一两年甚至更长时间的"折腾"。先是由譬如超市、餐馆、水果店、房产交易中介店、美发美容店等入驻，一年后甚至几个月后，一些店铺就要易主。有的店铺可能要关闭一段时间，等待新的店主。譬如，有的川菜馆可能被拉面馆代替；有的房产交易中介店可能将铺面转租给了咖啡店；原来的白酒专卖店几经转手，可能已变成了干洗店；而美发店虽然还是美发店，但经营的店主已换了好几茬。

这虽然从表面上看有些"乱"，但这种"乱"可能是无法避免的。因为不同小区的空间位置和周边环境不同，住户的构成也有差异，所以小区及周边居民的市场需求和合成需求也都是有差异的。譬如，由于住户原籍等因素，有的小区旁边的湘菜馆经常顾客盈门，而有的小区附近如果开一家湘菜馆则会门可罗雀，被迫关门转让店铺。商铺经营内容的变化实际上是经营者群体在不断地试探、寻找和确定特定区域的何种经营能带来利润。而同样经营内容的店铺（如同样是美发店），之所以有的店主亏本而被迫退出经营，有的店主进入后却能赚取利润，这便是经营能力问题了。因此，店主的更换实际上是特定区域的市场需求在对经营者进行筛选。

在不少小区附近的商铺，第一轮进入的店家在1～2年后全部出局的现象并不鲜见，甚至有的店铺是几经转手。新的小区的商铺一般在经历1～2年左右的"折腾"后，都能大体稳定下来。商铺易主当然会造成一定的浪费，如店面要重新布置，店内可能还要重新装修一番。

据媒体报道，某县城由当地政府引进一家房地产开发商开发建设了一个较大规模的小区。为了保证这个小区的品位，政府参与了对商业配套设施的规划，要求某处今后是超市入驻，某处只能对书店招商，某处是中等规模且上一定档次的餐馆，等等。结果，有的餐馆因顾客不多而被迫关闭，有的按照规划的定向招商的店铺一直无商家愿意入驻，有的店铺因为当初的设计问题少有商家问津，有的店铺难以避免地屡经转手。为了避免市场"乱象"而带来了更大的乱象，为了追求市场的有序而带来了更大的无序，为了避免商铺易主造成的浪费而带来了更多的并且是不必要的浪费。

这里实际上涉及对市场调节的认识和对政府功能定位的认识。市场调节是

要付出一定代价的，会带来一定的资源浪费。但如果不尊重市场规律，则常常会带来更大的浪费和损失。市场运行中的表面上的“乱”与“无序”可能实质上并不属于乱，而是市场在有序调节。市场经济运行中，有些事不应该是由政府来管的，政府也管不好。譬如，某小区附近开一个电脑维修店是否能经营下去？某小区附近是开湘菜馆还是开川味火锅店？抑或是兰州拉面馆更有市场？等等。政府不可能比市场更清楚。政府也就不应该去插手干预。政府有关部门可以管的是，诸如商铺周围的环境卫生、商铺的不法经营行为等。如果政府管了许多不应该管的事，还会疏于去管那些本应由自己管的事。

对于上述的县城居住小区商铺的乱象，当地还有人认为解决之策是政府加强管理和调控。这实际上更是南辕北辙了，如果政府继续强化干预，商铺的问题就会越来越难以收拾。科学的解决之策应该是还商铺经营以市场化机制。值得深思的是，在许多类似的问题上，有不少人动辄喜欢建议政府加强干预。殊不知，有的经济问题实际上就是政府干预过度所造成的。

如果说在商铺经营问题上，对于政府与市场的功能边界还比较容易认识的话，在许多更为复杂的经济问题和更为广泛的经济领域面前，科学的认识就不那么容易和清晰了。但人们应始终秉持这样一个理念，政府干预与市场调节是不能相互替代的，政府不应该大包大揽地什么事都去管。无论什么人，对市场应该有敬畏感。

四、创业的奥妙之一——对市场需求的发现与响应

创业首先要善于发现市场需求。如果缺乏足够的市场需求或者响应市场需求的通道拥挤，则创业是很难成功的。下面讲几个发现市场需求并响应市场需求的案例。

19 世纪中期，美国西部掀起淘金热，大批淘金者蜂拥而至。在淘金的人群里，有一批特别冷静的家伙，他们不淘金，只卖水或卖挖金的铲子，为淘金者服务。淘金者对水和铲子的需求是很稳定的，一开始发现这种需求并及时作出响应并不是很多人都能够做到的。因为去往西部的人一般都认为只有淘金才能赚钱，才能暴富，对其他的事情是不屑一顾的。

由于美国西部条件艰苦，许多人死在淘金的过程中，剩下的许多淘金者，有人淘到了狗头金，一夜暴富；更多的人只淘到了碎金沙，得不偿失；有的人甚至倾家荡产。这时大家回过头来发现那些卖水的或者卖铲子的人，虽然没有暴富，但也赚了个盘满钵满，比大多数淘金者要强。

大家感叹掘金不如卖水或者卖铲子。这实际上也是一种商业模式。

从我国上市公司的信息来看，就有许多创业成功的企业，它们做的就是类似

于向淘金者卖水或铲子的业务。

各高校每年都有很多毕业生，需要打印和装订学位论文。这些学生中，不仅有本科生，还有硕士研究生和博士研究生，其中还有规模较为庞大的 MBA、MPA 等专业学位研究生。规模较大的高校每年毕业的各类学生是成千上万。研究生的论文答辩还分为预答辩和正式答辩，每次答辩起码要将论文打印四五份。由于学制等方面的原因，许多高校从学期初至学期结束，断断续续地一直有学生的论文答辩，也就有论文打印、复印和装订的需求。一些人很早就发现了高校存在的这个巨大的市场需求，想方设法在高校的校园里面或者在高校的大门附近租借地方开设了打印店。别看这些打印店常常貌不惊人，但生意之好超出许多人的想象。这些打印店的老板对各类论文的格式规范要求的了解和熟悉程度甚至超过了研究生。这也是一种成功的创业。

每年有许多公司到京沪深三家交易所挂牌上市。有的创业者就从中看到了市场需求，看到了商机，成立了专门的为上市公司服务的礼仪公司。上市公司只要交一笔不菲的费用，礼仪公司提供一条龙的专业化上市庆典服务。上市公司也省去了自己操办的麻烦。而且，就市场容量来说，围绕着一个交易所的公司上市，一般只能容纳一家这样的礼仪公司。谁先捷足先登，谁就抢占了市场。

层次较高的创业往往是与创新联系在一起的。可以是技术的创新、产品的创新，也可以是商业模式的创新。通过这些创新将消费者潜在的需求转变为现实的需求，通过产品和服务的供给创造新的需求。创业提供的产品可以是面向消费者的，也可以是面向生产者的（即提供中间产品）。

对市场需求的发现是一种能力，有的人能慧眼识珠，有的人却视而不见、见而不思。当然，创业的成功不仅取决于对市场需求的发现，还取决于融资、股权配置、治理结构、技术等。

五、少年宫是否应该搬迁？——市场对土地用途的调节

由于土地常常是与地面上的特定建筑物联系在一起的，所以土地租金（地租）水平也就常常表现为房产的租金水平或者房地产的价格水平。

任一具体用途土地的供求状况与土地租金的相互调节会推进土地资源实现合理配置。例如，街道旁的某房产原用于生产服装，但服装厂愿意支付的地租不会高，因为在一个较偏僻的地方以较低地租同样可以租用地方生产服装。由于这处房产用来开餐馆会带来更大的收益，必定会有人以更高的租金租来开餐馆，该房产的所有者最终也肯定会将它出租给愿出高租金的餐馆老板。于是这处房产可以被用于最佳用途。

专栏 3-2 少年宫是否应该搬迁？

上海的南京路被称为中华第一商业街，南京路西藏路口更是商业街的繁华地段，可谓寸土寸金。在 20 世纪 80 年代末，路口有一幢式样别致的楼房，它为黄浦区少年宫。精明的商家欲让少年宫搬迁，利用原址改造为商厦。此举在当时引起了激烈争论。许多家长和一些社会人士以各种方式向有关部门及媒体表示反对意见，认为不能为了追求经济利益而侵害少年的利益，少年宫在那里的位置极佳。有的老人甚至捶胸顿足表达自己的愤怒："少年是祖国的花朵，他们为了赚钱，连祖国的花朵都不要了"。

而商家和其他社会人士则认为，在极具商业开发价值的寸土寸金之地，放着一个偌大的少年宫，是一种资源的浪费。少年宫搬迁到别处，丝毫不影响少年宫的正常运转，而且新的少年宫可以更大、更好。祖国的花朵为什么一定要在喧嚣嘈杂的商业中心开放呢？在其他静谧安全的地方不是可以绽放得更芬芳艳丽吗？

在激烈的争论中，少年宫还是搬迁了，离开了车水马龙的商业中心。利用少年宫原址开张的"上海精品商厦"生意十分红火，其广告语"叩开名流之门，共度锦绣人生"一度成为上海滩流行的广告语之一。该房产的所有者也因此获得了丰厚的租金收入。精品商厦后来因种种原因产生亏损，但这已是另外一个问题了。

思考与讨论：

假如你处在当时的争论中，你怎么去有力地说服对方？

六、猪肉价格为什么涨易跌难？——弹性的魔力

专栏 3-3 猪肉价格的大幅上涨

2007 年五一节过后，全国许多地方的猪肉价格出现大幅度的上涨。5 月份的前 20 天，36 个大中城市每公斤猪肉平均批发价格达到 14.5 元，比前一年同期

上涨了4.4元。

据5月23日人民网报道，北京的白条猪平均批发价格达15.7元/公斤，比头年同期的7.5元/公斤上涨了109%。到5月22日为止，5月份该市场的猪肉价格已经密集出现了14次上涨。也就是说，北京的猪肉价格几乎是每两天上涨一次。

该年5月期间，上海猪肉批发价上涨至每公斤16元，与10年来猪肉最高价持平。5月底，上海农产品中心批发市场猪肉价格曾经从16元/公斤降为15.7元/公斤，成交量也比价格最高峰时有所回升。但6月份，由于货源紧张，上海市场的猪肉价格再次上涨，达到了每公斤17.2元的历史最高位。

在之后的几个月，虽然猪肉价格的走势有所反复，但总体上呈现高位运行的态势。

商务部有关负责人表示，猪肉价格上涨的原因一是2006年上半年受疫病和市场供需变化等因素影响，猪肉价格持续下跌，一些养殖户为减轻损失，缩减养殖规模，而6月份后，虽然猪肉价格逐步回升，但养殖户的补栏进度比较缓慢，导致目前生猪存栏水平较低，市场供应少。二是2007年后，玉米等主要饲料价格上涨，养猪成本增加。

山东省某市的物价局价格监测中心主任在该年5月中旬曾对记者表示，猪肉价格已到顶点，不会继续上涨，高价猪肉也不会持续很长时间。首先，生猪收购价升高刺激了农户的养猪积极性，养猪户开始增多；其次，随着夏季临近，猪肉存放的时间不能太长，居民的消费习惯会有所改变，社会对猪肉的消费量减弱；最后，虽然生猪肉价格不断上涨，但其他的肉类品种价格并未发生大的变化。

实际上，类似于2007年猪肉价格上涨的情形在后来也不断重复，直至现在。近20年来，猪肉价格虽然也经常有回调，总体上在不断上涨。

思考与讨论：

猪肉价格为什么会呈现出涨易跌难的特征呢？

要了解猪肉价格的特征，就要学习弹性理论。对弹性理论的学习，也可以更好地理解市场机制。因为无论是价格对市场供求的调节还是市场供求对价格的作用都与各种弹性相关。因而，可以将弹性理论看作是对市场机制运行说明的一个补充，或者说，弹性问题就是市场机制的一个组成部分。

（一）需求的价格弹性

需求的价格弹性常简称为需求弹性。**需求弹性是用来表示某商品价格一定程度的变动所引起的市场对该商品的需求量的变动程度。**例如，美的空调的价格下降3%，导致市场对它的需求量增加了5%，这可称为需求弹性大。商品房价格上涨了 1%，引起市场对它的需求量减少了 0.6%，这可称为需求弹性较小。

如果某商品的需求弹性非常小甚至价格的变化几乎不会引起需求量的变化，则有时也称该商品的市场需求为刚性需求或刚需，如许多生活必需品就属于刚需产品。刚需有时也被解释为在价格波动中只会增加但不太会减少的市场需求。

哪些因素会使得一些商品的需求弹性大而另一些商品的需求则缺乏弹性呢？这些因素主要有：

1. 替代品的数量和质量

某一商品如果有许多其他替代品，它的需求弹性就比较大；反之，它的需求弹性就比较小。以橘子和电脑为例，其他许多水果都是橘子的消费替代品。如果橘子的价格上涨，人们常常会减少对它的需求和购买，转而购买其他水果。如果橘子的价格下跌，人们则常常会减少对其他水果的需求，增加对橘子的需求。也就是橘子的需求弹性比较大；电脑因缺乏较好的替代品，所以一定程度的价格变化，可能对它的需求量影响很小。

2. 用途的大小

某种商品的用途愈广，该商品的需求弹性愈大，原因是当它的价格下降时，需求者会尽量设法多方面利用这类产品，因而增加对这类产品的购买。例如，牛皮可以做皮箱、皮鞋、皮手套、皮带等。其需求弹性就高于用途单一的袜子。

3. 必需程度的强弱

消费者对日常生活必需品，都有较确定的消费量，受价格变化的影响较小。例如，每个人每天消费的食盐大体上是固定的，食盐价格即使上涨（或下降）幅度较大也不会导致对它的需求量明显减少（或增加）。生活必需品的需求弹性一般较小。反之，化妆品等非生活必需品的需求弹性一般较大。

4. 消费支出的比重

消费支出比重大的商品的需求弹性大。如轿车在消费者整个消费支出中占有较大的比重，有些商品如食盐、牛奶占有很小的比重，同样比例的价格变化，消费者对前者的反应比对后者的反应要强烈得多。

5. 产品的耐用程度

越是耐用的产品，需求弹性越小。例如，冰箱可以使用多年，即使价格下降，消费者一般也不会在短期内重新购置。而对于一个刚买了一支牙膏的消费者来说，牙膏价格下降后，他也许会马上再买一支。

当然，具体到某种商品，其需求弹性的大小是多种因素综合影响的结果。如就消费支出的比重因素而言，轿车的需求弹性较大，但就产品的耐用程度而言，轿车的需求弹性又较小。

需求弹性对于企业的价格决策有何意义呢？如果产品的需求弹性较小或者说缺乏弹性，企业可以适当提价。因为这样的商品价格较大幅度的提高，仅会带来需求量较小幅度的减少，价格变动后的企业总收益会增加。如果产品的需求弹性较大或者说富有弹性，企业可以适当降价，因为这样的商品价格较小幅度的下降，就会带来需求量较大幅度的增加，价格变动后的企业总收益会增加。

专栏 3-4 航空客运与铁路客运的需求弹性

20 世纪末 21 世纪初的几年，我国的航空客运票价与铁路客运票价成为媒体与老百姓关注的热点之一。过去，各大航空公司根据航空客运市场的情况，实际上都对机票实行不同程度的折价出售。后来，民航总局（现为中国民用航空局）为了整顿航空客运市场的票价秩序，强制性统一规定机票一律按全价出售，不得折价出售。这样，机票实际上相当于涨价了。于是，人们纷纷改乘火车等其他交通工具，飞机乘客大幅度减少。那时，一架波音 777 航班上只坐着十几位乘客的现象并不少见。航空公司普遍性亏损。在航空公司的呼吁和现实市场压力下，民航总局又对机票折价出售采取默许态度，飞机乘客量马上明显反弹，航空公司的销售收入也相应地明显增加。

与航空客运的较大需求弹性相反，我国铁路客运市场的需求弹性很小，尤其是在春运期间。当年铁道部（已撤销，并组建中国国家铁路集团有限公司）为了减轻铁路客运压力，提高了春运期间的列车客运票价，实际上为列车客运经营部门增加了可观的收入。许多消费者对于铁道部的提价行为表示不满，有的消费者甚至于对铁道部的提价行为提起了诉讼。

从那以后，特别是近些年，我国的铁路运输状况已经发生了很大变化，动车、高铁已经进入我国的铁路客运体系。动车和高铁增强了对航空客运的替代性，其自身的较高定价也增加了自己的需求弹性。高速公路和私人用车的发展也使得人们对交通工具有了更多的选择。与上世纪末本世纪初相比，我国航空客运与铁路客运的需求弹性总体上似乎变化不大，但似乎又发生了某些变化。

思考与讨论：

1. 为什么我国航空客运的需求弹性大而铁路客运的需求弹性小？

2. 目前阶段，非春运期间的火车票价适度降低能否增加客运收入（具体细分为高铁、普通客车等分析）？

专栏 3-5

七宝古镇的门票风波

上海西南部的七宝古镇以物美价廉的各色小吃见长，且交通便利，吸引了大量游客，客流滚滚带来了财源不断。有关方面动起了圈起古镇卖门票的念头，尽管反对者众多，还是要"试收费半年"，门票价格为 10 元。结果游客大量减少。实际门票收入与预期相去甚远，游客减少还让镇上商户叫苦连天。管理者只好在 2005 年春节黄金周到来之际叫停了门票收费。放弃收费之后的七宝古镇又恢复了收费前的熙熙攘攘，人流如织，镇上商户无不拍手叫好。

（资料来源：万建民.有感于七宝古镇走"回头路"[N].新民晚报，2005-02-18。）

思考与讨论：

1. 为什么七宝古镇门票收费的需求弹性大？

2. 旅游景点收费的需求弹性是否都比较大？如果故宫、八达岭长城、黄山的门票涨价，其需求弹性是否大？

（二）需求的交叉弹性

除了商品本身的价格外，其他相关商品的价格变动也会影响商品的需求。**需求的交叉价格弹性表示的是，在其他各种因素都给定不变的条件下，另一相关商品（如苹果）的价格变动所引起的某种商品（如生梨）的需求的变动程度。**

相关商品可以区分为替代商品和互补商品。**替代商品**是指商品之间可以相互替代以满足消费者相同（或基本相同）的消费需求的商品。如钢笔与圆珠笔；苹果与生梨；米饭与面包等。对于替代商品而言，在其他条件既定不变时，理论上可以假定，如果其中一种商品（如苹果）的价格上涨，消费者对这种商品的需求量会减少，而对另一种商品（如生梨）的需求就会增加；反之，一种商品的价格下降，则对另一种商品的需求就会减少。替代商品之间的价格与需求变动方向是相同的。如果苹果的价格上涨 2%，导致市场对生梨的需求增加 3%，这就意味着生梨的需求交叉弹性大。

互补商品则是指商品之间只有相互配合、相互补充才能提供完整的消费功能从而满足消费者的消费需求的商品。如汽车与汽油、羽毛球与球拍、电脑主机与软件等。对于互补商品而言，如果其中一种商品的价格上涨，消费者对该商品的需求量会减少，相应地对另一种商品的需求也会减少；反之，一种商品价格下降，对另一种商品需求就会增加。替代商品之间的价格与需求变动方向是相反的。

当然，无关商品之间不存在需求交叉弹性问题。

1947年，美国司法部指控杜邦公司生产的玻璃纸是垄断商品。但杜邦公司辩称，塑胶纸、蜡纸等都可以代替玻璃纸用作包装材料，玻璃纸具有很高的需求交叉弹性，所以不是垄断商品。你认为商品需求交叉弹性的大小可以用作判断商品是否为垄断商品的依据吗？

（三）需求的收入弹性

在商品价格和影响商品需求的其他因素不变的条件下，消费者收入的变动也会引起商品需求的变动。**需求的收入弹性就是用来衡量消费者收入的变动所引起的商品需求的变动程度。**

一般来说，当消费者收入提高后，会增加对商品的需求。但是，收入提高时，并不是所有商品的需求都增加，收入下降时，也并非所有商品的需求都减少。下面的分析将会使我们明白这一点。

根据需求的收入弹性，可以将各种商品分为正常商品与低档商品。

1. 正常商品

如果消费者收入提高后，增加对商品的需求，即商品需求与消费者收入呈同方向变化。这样的商品叫正常商品。

其中，又可以将正常商品进一步区分为两种。

(1) 如果消费者收入提高（或降低）后，导致对商品需求更大幅度地增加（或减少）。这种商品叫奢侈品。例如，旅游作为一种奢侈品，人们在旅游方面的消费支出的增加幅度一般都大于人们的收入增加幅度。

(2) 如果消费者收入提高（或降低）后，会稍微增加（或减少）对商品的需求和消费。这种商品叫必需品。例如，无论消费者的收入如何变化，每天食用的米饭量一般都不会有较明显的变化。

2. 低档商品

当消费者收入提高后，对某些商品的需求反而会减少。需求随消费者收入提高而减少的商品叫低档商品。例如，人们在收入较低时以穿胶鞋为主，收入提高后可能减少对胶鞋的购买，同时增加对皮鞋的购买与需求，这种情况下的胶鞋就属于低档商品。

3. 恩格尔定律

从需求的收入弹性还可以引申出恩格尔定律。食物作为生活必需品，它的需求的收入弹性是很低的。19 世纪德国统计学家恩格尔根据对统计资料的研究得出结论：**无论个人、家庭，还是整个国家，随着收入的增加，总收入(或总支出)中用于食物支出的比重将趋于下降。这就是著名的恩格尔定律。**

根据恩格尔定律，无论个人、家庭，还是一个国家，总收入（或总支出）中用于食物支出的比重越高，就说明他们越贫穷。反之，则说明他们越富裕。**消费者食物消费支出占消费总支出的比重被称为恩格尔系数**。

根据联合国粮农组织提出的标准，恩格尔系数在 59% 以上为贫困，50% 至 59% 为温饱，40% 至 50% 为小康，30% 至 40% 为富裕，低于 30% 为最富裕。我国城镇居民的恩格尔系数 1978 年为 0.574，2021 年全国居民恩格尔系数为 0.298。

（四）供给的价格弹性

供给的价格弹性表示和衡量价格变动所引起的商品供给量变动的程度大小。一般简称为供给弹性。如果蔬菜的价格上涨了 5%，导致蔬菜的供给量仅增加 2%，这意味着蔬菜的供给弹性小。

供给弹性的大小主要依赖于调整产量的难易程度。产量易于调整的产品，供给弹性就大；产量难以调整的产品，供给弹性就小。产量调整的难易程度或供给弹性的大小取决于多种因素的综合作用，譬如，农产品受自然因素的影响大，面对价格的变动，产量难以调整，而工业产品一般受自然因素的影响小，产量相对容易调整；生产周期长的产品，即使价格上升，也来不及增产，或者即使价格下降，也很难转产和减产，从而供给弹性小。反之，生产周期短的产品，相对容易调整产量。

介绍完了弹性理论后，再来讨论前面提到的猪肉的价格特征问题。

全国绝大多数人都有经常食用猪肉的习惯，节日和喜庆酒宴上更是如此。这一习惯不太会改变。所以猪肉的需求弹性比较小。另一方面，生猪的生产周期较长，生猪产量受各种因素的影响较大，所以猪肉的供给弹性也比较小。它的价格上涨后，供给不能马上增加，同时，需求又不会明显减少，于是猪肉价格常常表现为持续性上涨的特征。并且，猪肉的需求交叉弹性较小，传统饮食习惯决定了猪肉价格上涨不会促使人们明显地增加对其他肉类的需求进行替代。猪肉的需求收入弹性又比较大，因为随着目前对猪肉购买量还较少（这在经济落后地区较明显）的低收入群体的收入逐渐增加，他们会增加对猪肉的需求。这些弹性的综合作用使得猪肉价格涨易跌难。

复习思考题

同步训练

1. 熟悉下列概念。

均衡价格	均衡产量	需求弹性
刚需	需求交叉弹性	需求收入弹性
供给弹性	恩格尔定律	替代商品
互补商品		

2. 比较下列各组中两种产品或劳务的需求弹性与供给弹性的大小。

(1) 苹果与食盐　　(2) 酱油与白酒

(3) 小麦与时装　　(4) 理发与旅游

3. 为什么同一种商品，有的时候它的需求弹性比较大，有的时候需求弹性比较小？

4. 有的家庭主妇常常在下午5点左右去菜市场买活鱼活虾。你能运用弹性理论解释这种现象吗？

5. 请用比较简洁的语言阐述市场机制，并说明为什么要尊重市场机制？

6. 评论下面的对话。

张铁嘴：根据经济学理论，商品的价格下降，会使得消费者对它的需求量增加，企业供给量减少。股票作为一种特殊的商品，为什么经常是价格越跌，买的人越少，卖的人越多呢？

李小嫚：某股票之所以价格下跌，可能是或者前期涨得太多了，或者公司有负面消息传出来，或者公司的业绩不好等。即使它跌了譬如30%，但很多人还是认为它不值这个价，因而买的人还是比较少，而卖的人依然比较多。也就是这时对这个股票的需求量还是比较少，而供给量(体现为抛出来的数量)依然比较多，价格还会下跌。所以，这仍然是可以用经济学来解释的，还是符合市场规律的。

张铁嘴：我喜欢唱歌，你能从这方面说明供给可以创造需求吗？

李小嫚：我看你经常哼唱“这世界有那么多人，人群里敞着一扇门”。还有“让我掉下眼泪的不止昨夜的酒，让我依依不舍的不止你的温柔”。这几首歌的原唱音质略带沙哑，如泣如诉，是很好听的。但它们在被创作出来之前，你也不知道呀，更谈不上去喜欢和成天在嘴边哼唱呀。它们被创作出来了，供给出来了，你听了后不就有了对它们的强烈需求吗？当然，歌曲的创作者也是因为知道有很多的人想听歌、要听歌，有这种需求，所以他们才会去努力创作。这就是需求与供给的相互促进。

张铁嘴：你总是能把复杂的问题以简单、直观和生动的方式表达出来。我也来尝试一下。我最近发现连男女之间的情话现在也是需求促进供给，有专业化生产了。我先给你来几句展示一下吧。“见到你之后我只想成为一种人——你的人”；“你一定喜欢吃糖吧，很远就感觉到你的甜”；“你近视吗？撞我心口上了”；“你站在那里，就像一棵亭亭玉立的白杨；坐在那里，就像一个精致美丽的盆景”。

李小嫚：Stop！怎么回事？你从哪里学的这些肉麻的话？

张铁嘴：网上的“土味情话”呀。你连这个都不知道？专业化写手为了满足一些人更好地表达情感的需求创作出来的。

李小嫚：这叫什么需求促进供给？难道你给你的女朋友经常讲这些言不由衷的假话、谎话？

张铁嘴：经常给女朋友讲这些话，恰恰说明是经常心里想着她，想方设法逗她开心。这就如同我的厨艺水平有限，就选择在高档餐馆招待我的朋友一样。难道你的朋友送你的礼物非要自己亲手制作而不能在商场购买吗？

李小嫚：你这可是狡辩哦！不过，我得承认，你的表达能力和辩论水平是有明显提高。

第4章　市场类型与市场效率

运行中的市场具有不同的类型。不同类型的市场的经济效率也是有差别的。市场在理论上分为四种，下面逐一来介绍。

一、理想化的市场——完全竞争市场

（一）完全竞争市场的特征

（1）市场上存在着规模小而且数量众多的买者和卖者，它们各自的购买和供给在该产品的总需求和总供给中所占的份额非常小，因而它们的行为不会对产品价格发生影响。任何一个卖者（买者）都只是价格的接受者，而不是价格的决定者。

（2）产品是同质的。即生产某种产品的所有企业提供的产品在质量、功能、外形、包装等方面都完全相同。因此，消费者不会对任何一家企业的产品存在特殊偏好。

（3）资源能够自由流动。即一切生产资源可以自由地从一种行业转到另一种行业，也就是说，没有任何一个企业能够垄断生产要素和生产资源。

（4）市场信息充分、完全。消费者和企业完全了解市场的价格等信息，因而不会有任何人以高于市场通行价格的价格进行购买，以低于市场通行价格的价格进行销售。

显然，完全竞争市场是一种虚构出来的极端市场类型，现实经济社会中是不存在的。因为上述的几个条件在现实中是不可能完全满足的。譬如，江苏出产的大米与东北出产的大米实际上是有差异的。消费者和企业完全了解市场的价格等信息也是不可能的。

但是，它作为一种抽象的理论模式，在理论分析上有着重要意义。因为它提供了最基本最简单的理论构架，而且，现实中的农产品市场被认为比较接近于完全竞争市场。最后，经济学家通过理论分析认为这一市场类型的经济效率最高，资源配置最优，可以作为市场追求的理想目标。

在这种市场中，由于竞争是完全、充分的，企业提供的产品价格最终会等于平均生产成本，也就是企业只获得正常利润。因为只要产品价格高于生产成本，企业能够获得超额利润，就必定会有其他企业进入这个行业，从而产品的供给会越来越多。供给多了，就会有降价竞争，价格一直会下降到与生产成本相等时为止。由于这时只能获得正常利润，不会有新的企业进来。价格也不会降到低于生产成本，因为如果那样的话，亏损会使得一些企业转产，从而该产品的供给减少，价格会回升。

（二）完全竞争市场的效率

完全竞争市场上，企业的产品价格等于最低的平均生产成本，这表明产品价格降到了可能的最低水平。消费者能够以可能的最低价格购买商品。所以，理论上认为完全竞争市场的经济效率最高，资源配置最佳，是一种理想的市场。

二、不太讨人喜欢却又离不开的市场——完全垄断市场

（一）完全垄断市场的特征

1. 行业体现为企业

全行业只有一家企业，它提供整个行业的产销量，因此，企业与行业合二为一，即一种产品只有一家生产厂家。

2. 产品不能替代

完全垄断企业提供的产品，在其他行业里也不存在满意的替代品，其需求的交叉弹性极小甚至趋于零。因此它在市场上没有竞争对手。

3. 单独决定价格

完全垄断企业不是价格的接受者，而是价格的制定者，它凭借没有生产上的竞争者的地位单独地决定其产品的价格。当然，在现代文明社会，实际上它的定价也不能太离谱，要受到相关法律的制约。

4. 存在进入壁垒

其他企业几乎无法进入该行业，否则，也做不到“只此一家，另无他处”。依这个标准来看，一个小镇上唯一的一家理发店并不是完全垄断企业，因为若它索价过高，利润丰厚，马上会有竞争者开出新的理发店。

（二）完全垄断市场的形成原因

1. 规模经济

某些行业或产品的生产经营具有十分显著的规模经济性，以至于整个行业的产量由一家企业来提供时仍具有规模经济效应。即一家企业来供应整个行业

的产量的平均成本比一家以上企业同时生产供应时的平均成本要低。因此,只要有一家企业能够比别的企业提供更多的产品,它就可以凭借规模经济优势逐渐战胜竞争对手,并最终垄断整个行业的生产经营。这种情况下的垄断被称为**自然垄断**。也可换言之,**自然垄断指的是规模经济效应使得一家企业提供整个行业的产量时平均成本仍在下降的情形。**

一般地,电力、煤气、自来水、有线电话、有线电视等都是较典型的自然垄断行业。自然垄断行业往往具有这样的特点,即生产经营中已经投入的资产规模相当大,而新增产量时新发生的成本又相当小,结果一家企业的平均成本随产量的增加而不断下降,甚至占有整个行业市场时该企业的平均成本依然在下降。

为了向全镇的居民供应自来水,自来水公司必须铺设遍及全镇的水管网,这一前期投入是相当大的。水管网铺设完成后,向新增用户供水的边际成本很小。也就是说,总成本的增加甚少,而用户的增加却使得自来水公司的平均生产经营成本下降了。如果两家或更多公司在提供自来水服务中竞争,每家公司都必须花费铺设水管网的巨大资源投入,则它们的平均成本和供水价格都会较高。因此,如果由自然垄断性质的一家自来水公司为整个市场提供服务,供水的平均成本就可以达到最低水平。因为如果由不止一家公司来供水,它们的平均成本不可能达到这一低水平。

需要指出的是,由于某些领域的技术(包括管理技术)的进步,有的原本属于自然垄断的行业可能会演变为非自然垄断行业,即由一家以上的企业来生产经营所发生的平均成本也同样低。另外,市场容量扩大到一定程度,可能会使得原自然垄断企业的前期投入变得无法适应了,需要一家以上的企业来经营更为合适。例如,过去一个城市拥有一个机场,现在一些特大城市需要拥有两个甚至两个以上的机场。

2. 专利权

如果某企业开发或发明了新的技术、新的产品,该企业或发明者就可以按照相关程序申请专利权等形式的权益保护。企业或发明者就可以在一定时期内垄断相关产品的生产经营。这种垄断可被称为技术垄断或专利垄断。

3. 资源控制

如果某家企业控制了生产经营某产品所必需的资源,那么它也往往成为该产品市场的垄断者。这种垄断也被称为资源垄断。例如,黄山的自然风光(奇松、怪石、云海、温泉)是独一无二的,就属于资源垄断性质。

4. 政府特许

政府有时特别准许某企业在某一行业从事生产经营，而不允许其他企业或单位进入，这也会形成垄断。如我国目前的铁路运输业务、气象服务等。这种垄断也被称为行政垄断或特许垄断。行政垄断和自然垄断有时存在部分重叠关系。譬如，作为自然垄断的水电煤气公司常常也是政府特许经营的公司。

（三）完全垄断市场的效率

在完全竞争市场中，激烈的竞争迫使企业不断改善经营管理、追求技术进步、提高产品质量，等等。但在完全垄断条件下，企业往往依靠其特殊的垄断地位便可以获得超额利润。因而，进一步改善经营管理和追求技术进步的冲动减弱了。

正是由于上述的原因及其他原因，许多国家制订了反托拉斯法或反垄断法，防止垄断的产生（如阻止会形成垄断的企业合并），或分拆已经形成的垄断。要强调的是，对垄断的合理判定是非常重要的。如果滥用反垄断，也会对社会效率带来负面影响。因为垄断往往是企业创新（包括技术创新、产品创新、管理创新、商业模式创新等）的结果，如果滥用反垄断，就会遏制企业创新的积极性。而且，不少垄断常常会在激烈的市场竞争中被市场力量打破。

在远离海滨的内地某城市，有人开了全城唯一的一家海鲜餐馆，生意很好。有的人认为这属于政府有关部门应该处罚的垄断；有的人则认为这是一种正常的商业行为，谈不上垄断，政府有关部门不应该去处罚。你赞成哪一方的观点？为什么？

另一方面，垄断能在某种程度上促进技术进步。在完全竞争条件下，一个企业如果发明了新技术、新产品，将很快被竞争者所模仿和引进，这会弱化企业技术创新的冲动，因而有不利于技术进步的一面。正是由于这个原因，许多国家都通过法律手段赋予新技术、新产品的发明者以专利权，使之享有一定时期内垄断该发明及其带来的收益的权利。这样，企业就有加强技术研发的强大动力。可见，完全垄断在这个意义上也存在有利于技术进步的一面。当然，专利权的有效期也不能太长，否则，也会阻碍技术的进步，阻碍先进技术的扩散和推广。目前我国的许多发明专利权有效期为 20 年，英、法、德等国也为 20 年，而美国为 17 年。

当然，政府一般对暂时无法分拆的垄断企业及有一定存在理由的自然垄断企业的产品销售实行价格管制，以保证价格相对公正和保护消费者利益。

专栏 4-1 中国电信的垄断与竞争

我国各大城市的电信业务一直到 20 世纪 80 年代末 90 年代初都是由邮电部独家垄断经营的。那时，家庭用户申请安装电话非常困难，从填表申请到上门拉线安装，其间耗时半年、一年是再平常不过的事，家庭用户还得交上数千元的初装费。在今天看来，这数千元的初装费的交纳是多么的不可思议。申请用户还必须到邮电系统经营的营业场所购买电话机，然后凭特定营业场所的购机发票才能装机。那些营业场所的电话机品种稀少，式样陈旧，价格不菲，用户往往在电话开通后，再去别的商场随心所欲地选购自己喜爱的电话机。

电信业务的完全垄断式经营不仅使电信服务不能令人满意，而且也造成了电信供给的严重不足。1989 年，我国每 200 人占有的电话连一部都不到。那时居民住宅区里，无论酷暑还是严冬，无论刮风还是下雨，居民排长队打电话是一道特殊景观。

在社会舆论的强大压力和政府的干预、介入下，1994 年，作为中国电信公司竞争对手的中国联通公司成立，这标志着我国电信从垄断开始走向竞争。后来，基础电信领域有中国电信、中国移动、中国联通、中国铁通、中国网通、中国吉通等公司相互竞争。为了进一步削弱中国电信的明显竞争优势，形成更有效的竞争格局，2002 年 5 月，中国电信分拆方案出台：南方 20 个省、自治区、直辖市的电信公司组成“中国电信集团公司”，北方 10 个省、自治区、直辖市的电信公司和网通、吉通重组为“中国网通集团公司”。这样的分拆重组后，原中国电信与移动、联通、铁通之间的实力差距得以大大缩小，从而竞争能够更加充分。后来，基础电信领域的改革一直在不断地进行，竞争性因素随之不断加强。

基础电信由垄断走向竞争的过程中，服务质量不断提高，服务价格明显下降，服务供给量快速增长。

思考与讨论：

中国电信从垄断走向竞争说明了什么？

由此可见，完全垄断企业因为经济效率不够理想，产品定价往往较高，服务水平不能让人满意等原因，常常不太讨人喜欢。但人们却又离不开这样的企业和市场。

三、博采众长的市场——垄断竞争市场

（一）垄断竞争市场的特征

（1）该行业中每家企业的产品是不同质的，即存在产品差别。但差别又不是很大[①]。由于产品的差别性，使得它们相互之间不能完全替代，从而企业对于自己的产品具有一定的垄断性。另一方面，由于产品的差别不大或很小，使得它们相互之间具有较高的替代性，即需求的交叉弹性较高，从而企业对自己的产品不具有完全的垄断性。这里所说的“产品差别”既可源于产品质量、设计、功能、技术等的不同，也可源于产品包装、商标、广告等而引起的消费者对于产品的偏好差异。

譬如，某人一贯喜欢海尔空调，如果海尔空调价格稍微上涨一点，他还是会购买。但如果海尔空调涨价较多一些，他可能就会转而购买美的空调或其他品牌的空调，毕竟空调的质量、功能等都相差不大。

（2）企业数量众多，它们凭借产品的有限差别对市场施加有限的影响，是市场价格的影响者。但企业数量的众多和产品的有限差别性使得企业无法相互勾结以控制市场价格。

（3）由于每家企业所占的市场份额较小，加上产品之间又存在一定的差别，以至于企业认为其决策对其他企业影响不大，不太会引起竞争对手的注意和反应。因而企业常有独自行事的特征。譬如电视厂家的独自降价行为等。

（4）行业进出比较容易。因为企业规模一般不是太大，所需投入或退出的资本都不是太多，新的投资进入或者转产别的产品均相对较容易。

在现实经济社会中，垄断竞争的情形是常见的。如牙膏市场上不同品牌的牙膏；不同品牌的洗发液；同一星级的不同宾馆；休闲市场上不同的休闲品；等等。所以，垄断竞争市场上，商品的品牌十分重要。消费者对商品的质量、功能等的追求往往体现为对商品品牌的偏好和认同。

歌迷不会只喜欢听一位歌手的歌，常常是喜欢听好几位歌手的歌，但可能会特别喜欢特定歌手的歌。邓紫棋、袁娅维、单依纯、吉克隽逸等演唱的歌曲各有特色，他们分别都有较为稳定的粉丝群。但很多歌迷又都同时喜欢他们演唱的歌曲。也就是说，歌手或歌迷市场具有垄断竞争市场的特征。不同的歌手或不同的歌曲之间有一定的差别，但这种差别又不大。甚至有不少人只注重歌曲，而不管它的原唱歌手是谁。

---

① 例如，美的、格力、海尔空调等相互之间有差别，但差别又不是很大；早餐市场上的馒头、包子、面条等就其满足人们的食欲而言，相互之间有差别，但差别也不是很大。

专栏 4-2

“老干妈”辣椒酱

在全国各地的许多超市的货架上，甚至在很多五星级宾馆的自助餐的调味品中，都有贵州的“老干妈”辣椒酱。“老干妈”的创始人陶华碧年轻时曾到南方打工，她吃不惯也吃不起外面的饭菜，就从家里带了很多辣椒做成辣椒酱拌饭吃。经过不断调配，她做出一种“很好吃”的辣椒酱，这就是现在“老干妈”仍在使用的配方。

陶华碧为了维持生计，后来开始在晚上做米豆腐（贵阳最常见的一种廉价凉粉），白天用背篼背到附近的几所学校里卖。1989 年，她在贵阳市南明区的龙洞堡开了个专卖凉粉和冷面的简陋的小饭店，用自己做的豆豉麻辣酱拌凉粉。很多客人吃完凉粉后，还要买一点麻辣酱带回去，甚至有人不吃凉粉却专门来买她的麻辣酱。后来，她的凉粉生意越来越差，可麻辣酱却做多少都不够卖。有一天中午，陶华碧的麻辣酱卖完后，吃凉粉的客人就一个也没有了。她关上店门去看看别人的生意怎样，走了十多家卖凉粉的餐馆和食摊，发现每家的生意都非常红火，陶华碧发现了这些餐厅生意红火的共同原因是都在使用她的麻辣酱。

1994 年，贵阳修建环城公路，昔日偏僻的龙洞堡成为贵阳南环线的主干道，途经此处的货车司机日渐增多，他们成了小饭店的主要客源。陶华碧开始向司机赠送自家制作的豆豉辣酱、香辣菜等小吃和调味品，大受欢迎。货车司机们的口头传播起到了广告传播作用，“龙洞堡老干妈辣椒”的名号在贵阳不胫而走，很多人甚至就是为了尝一尝她的辣椒酱，专程从市区开车来购买。

1996 年 8 月，陶华碧办起了辣椒酱加工厂，牌子就叫“老干妈”。作坊时代的“老干妈”虽然产量很小，但光靠龙洞堡周边的凉粉店已经消化不了，她必须开拓另外的市场。陶华碧用了一个“笨办法”，用提篮装起辣椒酱，走街串巷向各单位食堂和路边的商店推销。一开始，食品商店和单位食堂都不肯接受这瓶名不见经传的辣椒酱，陶华碧跟商家协商将辣椒酱摆在商店和食堂柜台，卖出去了再收钱，卖不出就退货。商家这才肯试销。一周后，商店和食堂纷纷打来电话，让她加倍送货。

“老干妈”也立即受到喜食辣椒的川黔农民工的欢迎，他们走到哪里买到哪里。通过他们，“老干妈”被越来越多的人喜爱，长期供不应求。

但是，东西好卖了，仿冒产品也就出现了。陶华碧甚至还为此同湖南一家公司打了一场官司，此案成为 2003 年中国十大典型维权案例。2003 年 5 月，陶华碧的“老干妈”几经周折，也终于获得了国家商标局的注册证书。

“老干妈”所用的辣椒原料为著名的遵义辣椒。当地为其供货的辣椒收购大户告诉记者，给她的辣椒，谁也不敢大意，只要出一次错，以后再想向她供货就难了。当地给她的辣椒，全部要剪蒂，一只只剪，这样剪过的辣椒，再分装，就没有杂质了。

市场上各种各样的辣椒酱虽然很丰富，但“老干妈”却以其独特的风味赢得了千千万万消费者的喜爱。许多吃饭时胃口不佳的人往往跑到附近的超市问营业员：有“老干妈”卖吗？“老干妈”还销往世界五大洲的 30 多个国家和地区。2016 年，“老干妈”公司每天卖出 200 万瓶辣椒酱。2012 年 7 月，美国奢侈品电商 Gilt 还把老干妈奉为尊贵调味品。

（资料来源：唐福敬.“老干妈”去年产值 33.7 亿纳税 4.3 亿[EB/OL].(2013-01-27)[2022-12-16]. https://www.chinanews.com.cn/cj/2013/01-27/4523490.shtml.

周晓农.为什么“老干妈”没有遇上强劲的对手？[EB/OL].(2012-12-05)[2022-11-17]. https://www.zhihu.com/question/20370987/answer/15711383.

申鑫，刘尧.你所不知道的老干妈——“老干妈”陶华碧：把 5 块钱生意做成 25 亿[EB/OL].(2012-12-11)[2022-11-17]. https://www.2011xa.com/2012/12/11/959.html.）

思考与讨论：

（1）为什么说“老干妈”辣椒酱处于垄断竞争市场中？

（2）请简略分析“老干妈”品牌成功的原因以及这一品牌今后可能会遇到的挑战。

（二）垄断竞争市场的效率

垄断竞争市场中，由于同一行业里的企业数目众多，每家企业的市场份额都是有限的，不足以使企业充分地利用自己已有的生产设备、生产资源，不能充分地利用规模经济优势。

另外，在垄断竞争市场中，营销竞争非常激烈。因为众多企业的产品相差不大，这就需要依靠大量的广告等营销手段以使自己的产品引起消费者的注意。企业将大量的资源花费在广告等营销宣传上，但不少时候这样做并未使企业的销售量增加多少，却导致了销售成本的大幅上升。

但从另一方面看，垄断竞争市场上，激烈的市场竞争迫使企业依靠创造产品差别、提升产品品质来求得生存和发展，从而生产出多种多样、式样丰富的产品，满足消费者多方面、多层次的需要和选择。

垄断竞争市场最有利于促进产品创新和技术进步。没有充分的竞争，企业就不会有足够的创新压力。但没有一定程度的垄断，就不能保证创新者在一定时期内获得技术创新所带来的超额利润，从而削弱甚至泯灭技术创新的积极性。垄断竞争市场博采众长，将激烈的市场竞争与一定程度的企业垄断相结合，从而为企业提供了产品创新和技术创新的足够的压力和动力。

虽然人们对于广告的利弊褒贬不一，但应该承认，广告对于引导消费，帮助人们认识产品的性能和质量还是有积极作用的。广告也能强化产品品牌在消费者心目中的地位和形象。在垄断竞争市场条件下，广告发展成为一个蔚为壮观的产业，这在完全竞争市场上是难以想象的。

白酒市场是一个典型的垄断竞争市场。白酒的香型主要有：酱香型、浓香型、清香型。茅台是酱香型的代表；五粮液、泸州老窖是浓香型的代表；汾酒是清香型的代表。对于喜欢喝浓香型白酒的人来说，五粮液与泸州老窖等高端酒相互之间具有很高的替代性。但如果餐桌上没有浓香型白酒，汾酒等其他香型的白酒也可以替代。对于很多人来说，五粮液与泸州老窖之间有差别，但差别很小。茅台与五粮液之间有差别，但差别也不大。如果再将酒的种类范围扩大，除了白酒外，还有红酒、黄酒、啤酒、洋酒、养生酒等。在一般的餐桌上，常可看到，人们喝完了自带的白酒后，再喝红酒或者啤酒。红酒、啤酒、白酒之间也常常是具有较高的替代性的。中国的名酒（白酒）还有剑南春、酒鬼酒、水井坊、古井贡酒、西凤酒、梦之蓝，等等。

茶叶市场也是一个较为典型的垄断竞争市场。茶的主要种类有：绿茶、红茶、黑茶（包括普洱茶）、黄茶、白茶、药茶、花茶，等等。2001 年美联社和《纽约日报》将黄山毛峰、洞庭碧螺春、蒙顶甘露、信阳毛尖、西湖龙井、都匀毛尖、庐山云雾、安徽瓜片、安溪铁观音、苏州茉莉花列为中国十大名茶。

酒文化和茶文化是中国传统文化的重要载体。

四、骄傲的公主市场——寡头垄断市场

（一）寡头垄断市场的特征

寡头垄断市场上，少数几家企业生产和销售一个行业的全部或大部分产品，每家企业的产量在总产量中都占有相当大的份额。寡头垄断多见于钢铁、有色金属、汽车制造和远洋运输等行业。这种市场的基本特征或前提条件是：

1. 厂商极少

同一行业只有少数几家企业（当企业为两家时，叫双头垄断。如世界市场上的波音与空客公司、可口可乐与百事可乐等），每个企业在市场上都具有举

足轻重的地位，对全行业的产量和价格都具有相当的影响力，企业相互之间势均力敌。

2. 相互顾忌

任一企业进行决策时，必须考虑竞争者可能会有的反应和对策，因而既不是价格的接受者，也不是价格的制定者，而是价格的寻求者。即在考虑竞争者反应的条件下，共同寻求大家都能接受的价格。

波音公司如果想下调民航客机的销售价格，必定会考虑空中客车公司可能会有的反应，说不定会引起价格战，所以不太敢轻率地降价。相反，它如果想提高价格，又会担心空中客车公司趁机扩大市场销售。反过来，空中客车公司也会有同样的心理。这两家势均力敌的大公司会小心翼翼地寻找双方都能接受的价格。

3. 产品同质或异质

不同企业生产的产品之间没有差别或基本没有差别（如 A 企业与 B 企业分别生产的同一型号的钢材等），则相互影响的程度很高，这叫纯粹寡头。不同企业生产的产品之间有一定差别（如 C 企业与 D 企业分别生产的汽车等），则相互影响的程度相对较低，这叫差别寡头。

4. 行业进出不易

由于原有企业在规模、信誉、市场份额等方面的既存地位和明显优势，其他企业要进入一个已形成寡头垄断的市场是相当困难的，甚至是极其困难的。资产的规模和专用性也决定了退出行业的异常困难。

寡头垄断企业和市场的形成与行业特性密切相关。譬如，只有大型或超大型公司才有实力经营远洋运输公司。我国的石油生产与经营市场是较典型的寡头垄断市场，全行业只有中石油、中石化和中海油三家具有影响力的企业。

（二）寡头企业的相互合作

寡头企业为了避免有损于自己利益的激烈的相互竞争，常常会采取不同的形式进行串谋，协调行动。一种相互协调的公开合作形式是卡特尔。**卡特尔是一个行业中的各个独立的寡头企业，就价格、产量和其他诸如瓜分销售地区等事项达成协议并据此结成的经济同盟。**由于卡特尔因其垄断之嫌往往受到政府和公众的反对，所以，寡头企业常采取不太正式的君子协议。卡特尔的主要内容是制定较高的统一价格，同时为了维持产品的高价而控制产量。

专栏 4-3 OPEC：石油生产者的国际卡特尔

石油输出国组织（OPEC）是一个由主要石油生产国组成的国际卡特尔。OPEC（欧佩克）最初于1960年由5大石油生产国创建。根据OPEC1968年文件制定的长期目标，成员国政府应该：（1）决定石油价格；（2）拥有和控制本国的石油资源。

第二个目标在大多数OPEC国家中都已经实现，其办法是接管石油公司的经营权并使其国有化。关于第一个目标，1973年年底到1974年期间，OPEC将石油价格提高了4倍，从每桶3美元提高到12美元。1979年，OPEC将石油价格提高到每桶30美元以上。过高的油价大致从1982年开始下跌，原因在于石油消费国的石油储备增加、北海这样的石油产地产量增加等。

石油价格一般在OPEC成员国石油部长的定期会议上决定。沙特阿拉伯是最有影响力的成员国，因为它的生产规模大，几乎占OPEC总产量的一半，它经常通过调整产量来影响价格。1975年OPEC生产了全世界石油供应量的55%，占有世界市场中石油贸易量的80%以上。但到了20世纪80年代，它在世界市场总产量中所占份额下降为不到1/3，所有公开和隐蔽的降价都发生了。

OPEC在控制石油价格和产量方面都取得过很大成功。但后来成员国破坏定价和产量配额的现象也时常发生。

思考与讨论：

试分析OPEC对石油价格的影响。

另一种相互合作的形式是价格领导。由于卡特尔往往受到社会反对，且有违反《反垄断法》之嫌，因此，寡头企业也常采用暗中默契的合作办法。暗中默契的主要方式是价格领导，即**由行业中某家领导型企业制定和变动价格，其他企业相应地定价和变价。**由于它们没有留下相互协商的证据，所以常常让执法人员和政府很无奈。

寡头垄断的行业市场上，只有少数几家企业。它们对全行业的产量、价格和产品标准等有很大的话语权、影响力，而且还常常相互合作，所以在市场上经常是骄傲的公主形象。它们的投资额大，企业员工福利也常常不错。由于寡头垄断市场的竞争不够充分，有些寡头企业还常有串谋行为，因而这种市场的经济效率一般比较低。但就行业特性来看，这种市场有其存在的合理性。

五、四种市场的简单比较

前述的四种市场类型的基本特征和经济效率的比较可以大致地概括为表 4-1。

表 4-1 四种市场的基本特征及其经济效率的比较

项 目	完全竞争	垄断竞争	寡头垄断	完全垄断
现实存在	极 少	常 见	较常见	较 少
典型行业	农业(接近)	家电、餐饮等	钢铁等	供电、供水等
企业数量	很 多	较 多	较 少	一 个
产品特性	同 质	异 质	同质或异质	同 质
进出行业	容 易	较 易	不 易	不 能
市场价格	接受者	影响者	寻求者	制定者
经济效率	最 高	较 高	较低或很低	最 低

现实经济社会中，市场类型(尤其是垄断竞争与寡头垄断市场)之间的界限有时并不太清晰，而且可能还会相互转化。例如，过去我国的电视观众只能收看中央电视台和所在省、自治区、直辖市的一两个电视频道，这时的电视频道属于寡头垄断市场，但随着开设的电视频道增多和各地电视频道相互开放，电视频道现在已属于垄断竞争市场。

复习思考题

1. 熟悉下列概念。

完全竞争市场	完全垄断市场	自然垄断
垄断竞争市场	寡头垄断市场	纯粹寡头
差别寡头	卡特尔	价格领导

2. 为什么说利润最大化的一般原则是 MR=MC?

3. 为什么说垄断竞争市场适合于满足消费者的多样化选择需要?

4. 举例说明现实经济社会中的哪些产品市场，这些市场大体上分属于哪几种不同类型的市场?

5. 为什么说竞争和垄断都是社会经济发展所必需的?

同步训练

第 5 章　市场运行中的企业行为

在市场运行中，企业经常要主动或被动地采取战略性或者策略性行为，不少这样的行为是被经济学家纳入了理论分析框架之中的。

一、个体理性与行为合成的谬误——囚徒困境

博弈论是现代经济学的重要组成部分。先来看博弈论中的一个著名案例。

假设警察局抓住了两个合伙犯罪的嫌疑犯，但获得的证据并不十分确切，对于两者的量刑取决于他们对于犯罪事实的供认。警察局将这两名嫌疑犯分别关押以防止他们串供或订立攻守同盟。两名囚徒明白，如果都交代犯罪事实，将各被判刑 5 年；如果都不交代，则只会被以较轻的妨碍公务罪各判 1 年徒刑；如果一人交代，另一人不交代，交代的一方会被立即释放，不交代者将被判 8 年的重刑。这一案例可由图 5-1 来直观地表示。

		囚徒 B 交代	囚徒 B 不交代
囚徒 A	交　代	−5，−5	0，−8
	不交代	−8，0	−1，−1

图 5-1　囚徒困境的矩阵

图 5-1 列示了各种可能的结果（图中的 −8 表示被判刑 8 年，其余以此类推）。在本案例中，每一个囚徒都陷入交代还是不交代的困境之中。对于两个囚徒总体而言，最好的策略是都不交代。但任何一个囚徒在选择不交代的策略时都要冒很大的风险，一旦自己不交代而另一囚徒交代了，将使自己处于非常不利的境地。那么他们会选择怎样的策略呢？

囚徒 A 有交代与不交代两种选择，假设囚徒 A 选择的是不交代，则对囚徒 B 来说，不交代的得益为 −1，交代的得益为 0，他应该交代；假设囚徒 A 选择的是交代，则囚徒 B 不交代的得益为 −8，交代的得益为 −5，他也应该选择交代。

因此，无论 A 采取何种策略，B 的最佳策略只有交代。同样的道理，囚徒 A 的最佳策略也是交代。所以，该博弈的最终结果是双方都选择交代策略，即都分别被判 5 年徒刑。

由上可见，虽然对两个囚徒总体而言，最好的结果是都不交代，但最终的结果是都交代了。两个囚徒决策时都以自己的最大利益为目标，结果却是无法实现最大利益甚至较大利益。**囚徒困境反映了个体理性与集体理性的矛盾。**此类情况在现实经济社会中大量存在。囚徒困境作为一个专有名词，现在也常被用来形容上述矛盾情况下行动上的两难处境。

囚徒困境现象在现实生活中比比皆是。记得过去有一个说公共楼道占用问题的相声。住户在公共楼道里堆满了杂物，结果大家都极不方便。但你如果不占用公共楼道，别人也会占用。过去那个年代每一居住面积狭小的住户从自我利益最大化出发，都选择占用，但占用的结果却最终损害了大家的利益。

20 多年前，我国彩电市场上曾经发生激烈的价格战，生产厂家基于自身利益选择大幅降价，但由此引发的价格战使所有生产厂家都遭受重创，这也是一种囚徒困境。如果我们认真观察现在的经济社会，常常会有企业采取囚徒困境式的行为。

在上述的囚徒困境案例中，两个囚徒都选择了对自己来说的最佳策略（上策）：交代，由此构成的策略组合叫作上策均衡。所谓上策，指的是不管其他博弈方采取什么策略，他采取了对自己而言的最佳策略。**博弈各方采取的策略都为上策时，这样的策略组合就是上策均衡。**

二、邋遢大王何以能占爱干净绅士的便宜？——智猪博弈

智猪博弈也是博弈论中一个被经常提及的典型性案例。假设猪圈里有一大一小两头猪，猪圈的一头有一个猪食槽，另一头有一个控制着猪食供应的按钮。揿一下按钮就会有 10 个单位的猪食进槽，供猪食用，但谁揿按钮谁就得付出 2 个单位的效用成本。

如图 5-2，如果大猪与小猪同时去揿按钮，大猪吃到 7 个单位的猪食（扣去 2 个单位的效用成本，剩下的效用单位为 5，显然这里假设 1 个单位的猪食提供 1 个单位的效用），小猪吃到 3 个单位的猪食（扣去 2 个单位的效用成本，剩下的效用单位为 1）；如果小猪去揿按钮，揿完奔过来后只能吃到 1 个单位的猪食（扣去成本，得到的效用为 −1），原地等待并先吃的大猪则可吃到 9 个单位猪食，即得到 9 个单位的效用；当然，如果都不去揿按钮，原地等待，则无猪食进槽，得到的效用均为 0。

		小猪 撒	小猪 等待
大猪	撒	5，1	4，4
大猪	等待	9，−1	0，0

图 5-2 智猪博弈

在这个案例中，不论大猪选择“撒”还是“等待”，小猪的最佳选择都是“等待”，在预期小猪“等待”的前提下，大猪的最佳策略便是“撒”。也就是说，这个案例的均衡便是图 5-2 中右上角表示的策略组合及其效用组合：大猪“撒”、小猪“等待”。从而多劳者不多得。

智猪博弈现象在经济生活和日常生活中是司空见惯的。如大股东行使监督上市公司的职责，而小股东则坐享这种监督带来的利益，即所谓“搭便车”；公共办公室中的邋遢大王从不打扫和整理办公室，因为他知道办公室里爱干净的绅士会每天打扫和整理的；同一行业中负责任的企业花费人力、物力、财力去打听、研究相关的法规、政策，或者去尝试新的做法、新的模式等，其他企业随后“搭便车”；等等。

在上述的智猪博弈案例中，小猪是有上策的，就是：等待。大猪是没有上策的，其策略选择取决于小猪的行为。由于小猪一定会“等待”，大猪只好去“撒”。由此形成的策略组合叫作纳什均衡。**纳什均衡指的是在给定其他博弈参与者的选择行为后，博弈方选择了它所能选择的最佳策略（或采取了它所能采取的最优行为）。**

再举一例来说明。A 与 B 是闺蜜，A 对 B 说：“你今晚去哪？我必须要去图书馆查资料，导师要求我明天去汇报了”。B 对 A 说：“我要去教室集中精力写论文了，争取今晚完成，明天也要交给导师了。我在图书馆写论文的效率不高，经常抵挡不住书架上的书的诱惑，要去看那些书”。在这里，A 去图书馆和 B 去教室便构成一个上策均衡。过了几天，A 对 B 说：“你今晚去哪？你如果去图书馆，我也跟你一起去图书馆；你如果去教室，我也跟你一起去教室；你如果想去运动馆打羽毛球，我也跟你一起去。反正我喜欢跟你在一起”。B 说：“好久没有打羽毛球了，我晚上想去打球”。然后他们晚上就去运动馆打球了。这一策略组合就是纳什均衡。

纳什均衡因美国的数学家、经济学家纳什的研究而得名。纳什与其他两位经济学家因对博弈论的卓越贡献而获得 1994 年度的诺贝尔经济学奖。

值得一提的是，纳什发表奠定其在博弈论中重要地位的学术论文时，年仅 22 岁，被人称为“一个天才”。1959 年，纳什被精神病医生诊断为“妄想性精神分裂”，后来一直饱受这一疾病的折磨。

2002 年度获奥斯卡多项大奖的影片《美丽心灵》中主角的原型，便是纳什。影片中有这样一个情节：在美国普林斯顿大学的酒吧里，4 个男生正商量着如何去追求一位漂亮女生，当时还正在大学读书的纳什却在朦胧的“博弈论”思维逻辑引导下喃喃自语：如果他们 4 个人全部去追求那漂亮女生，那她一定会摆足架子，谁也不睬。然后再去追其他女孩子，别人也不会接受，因为没人愿意当“次品”。但如果他们先追其他女生，那么漂亮女生就会感到被孤立，这时再追她就会容易得多。在纳什眼里，追求女生就是一场博弈，而博弈是要遵循一定规则的，是需要策略的。

三、先发制人与背水一战——企业博弈中的可选策略

市场运行中的企业行为、企业竞争实际上就是企业之间的博弈。企业博弈中的可选策略很多，这里选择两种较为典型的策略进行介绍。

（一）先发制人

企业在市场竞争中如果首先采取行动，往往可以占据有利地位，造成一种既成事实，逼迫对方就范，或者将其他企业阻挡在外。下面来看沃尔玛连锁店市场扩张的案例。

专栏 5-1　沃尔玛连锁店的市场扩张

沃尔玛是山姆·华尔顿于 1969 年创立的一家折扣零售连锁店公司。20 世纪 70—80 年代，其他类似的公司纷纷倒闭时，沃尔玛却保持快速增长，从 1976 年的 153 家分店发展到 1986 年的 1 009 家，且盈利性更强。到 1985 年年末，山姆·华尔顿已是美国富豪。

沃尔玛成功的关键在于其市场进入与市场扩张策略。在 20 世纪 60 年代，人们通常都认为折扣店只能在 10 万或以上人口的城市中才能成功经营，但山姆·华尔顿不同意这种看法并决定在美国西南部的小镇上开店。到 1970 年，已经有 30 家沃尔玛折扣店开设在阿肯色、密苏里和俄克拉荷马的小镇上。一个

10万人口以下的小镇所具有的市场容量并不太大，但却足够容纳下一个大型折扣店，并能让它获得一定的利润。

到20世纪70年代中期，当其他连锁店的经营者意识到这一点时，沃尔玛已经大量占领了这样的市场。对于小镇来说，开出一家折扣连锁店可以盈利。如果开出两家来，有限的市场容量会使两家都亏损。沃尔玛的策略就是先发制人，抢先在其他小镇开设分店，并使得竞争者不敢在该小镇开设第二家。到1986年，它每年赚取4.5亿美元利润。到1993年，它已有1 800多家分店并赚取15亿美元的年利润。

（资料来源：平狄克，鲁宾费尔德.微观经济学[M].北京：中国人民大学出版社，1997：389—390.）

思考与讨论：

沃尔玛连锁店的市场扩张体现了怎样的企业博弈策略？

（二）背水一战

市场博弈中，企业还常常会发出“威胁”信号以迫使对方害怕或就范，但有些威胁属于不可置信的威胁。在不可置信的威胁无效的情况下，企业是否就无计可施呢？由此引出博弈论中的一个重要概念：承诺（commitment）。在博弈论中，**承诺指的是博弈参与者使自己的威胁变得可置信或令人可信的行为。**一种威胁在什么条件下会变得可置信呢？一般是参与者若不实施这种威胁会遭受更大损失的时候。

例如，两家生产冰箱的企业现均打算转产市场前景更广阔的空调，但由于空调市场容量暂时还有限，如果两家企业都生产空调，则都会亏损。如果只有一家转产空调，则会盈利。设厂商B转产空调的准备早，技术条件相对更为完备。但厂商A摆出背水一战、破釜沉舟的架势，关闭冰箱生产线，并将冰箱生产设备出售，这一承诺行动极可能吓住厂商B。厂商B尽管转产空调的条件优于厂商A，但也只好继续生产冰箱。

企业在市场博弈中形成和塑造某种形象也能给自己带来一定的策略优势。假如某企业的市场形象一向是不够理性的、固执的，这种形象本身就会对其他竞争者发出威胁，再辅以某些行动，往往会使其竞争者在博弈中退让。譬如，它可以“威胁”竞争者：不管你们是否生产某产品，我都要生产该产品。

成语故事“破釜沉舟”“背水一战”等就反映了博弈中承诺行为的重要性。俗语“不要欺人太甚”“得饶人处且饶人”说的也是这方面的道理，因为将对手逼入绝境，最终可能反而伤了自己。

市场博弈中的策略及其运用是举不胜举的。许多成语故事和中国的传统文化中都包含大量精妙的博弈策略和博弈过程。例如,诸葛亮的空城计和田忌赛马等都是经典的博弈案例。

背水一战的典故:汉将韩信带兵去攻赵军,出了井陉口,布置了一万人背水列阵,与赵军作战。汉军前临大敌,后无退路,都拼死作战,结果大败赵军。背水一战就是置之死地而后生。企业在面临困境时又何尝不是如此?

田忌赛马的典故:齐威王与大将田忌各出三匹马,一对一比赛三场,由于齐威王的最优、次优和较差的三匹马分别跑得比田忌的三匹马快,所以田忌总是以 0∶3 告负。后来田忌的谋士孙膑给田忌出主意,让最差的马去与齐威王最快的马比,而让最优的马去赢齐威王次优的马,让次优的马去赢齐威王最差的马,这样便以 2∶1 取胜。田忌赛马给企业博弈和个人博弈的启示就是,要以己之长去攻彼之短。

(三) 博弈的大致分类

当然,在不同性质的博弈中,可供选择的策略或者应该采取的策略是不同的。譬如,从某一角度可以将博弈区分为合作博弈和非合作博弈;从另一角度又可以区分为零和博弈、常和博弈与变和博弈;还可以区分为静态博弈和动态博弈等。

石油输出国组织(OPEC)内的各国之间的博弈就属于合作博弈。日常生活中的下棋就是非合作博弈。

赌博就是零和博弈,一场赌博中赢的钱的总和总是等于输的钱的总和,正负相抵为零。若干人分配一份总额既定的财产乃典型的常和博弈。变和博弈框架下,各方采取的策略不同,最后的结果和利益总和也不同。变和博弈是最普遍的博弈类型。囚徒困境和智猪博弈案例中,如果各方采取的策略不同,最后的结果和各方的得益也都是不同的。

所有博弈方同时或可看作同时选择策略、采取行动的博弈是静态博弈。譬如在投标活动中,投标人投出标书一般总是有先有后的,但因为所有投标人在开标之前都无法知道其他投标人的标价,因此可看作同时选择策略、采取行动。囚徒困境案例中,两人进行策略选择时,都不知道对方是否交代犯罪事实,所以属于静态博弈。动态博弈则是指博弈方的选择、行动有先有后,而且后行者可以根据先行者的策略选择来决定自己的策略。例如,足球比赛中,一方换了一个高中锋上场,另一方后防线吃紧,便换上一位高后卫上场。某企业的竞品降价,另一企业也跟着降价。这就是动态博弈。

显然,零和博弈中的策略不一定适合运用在变和博弈中,动态博弈中的策略也不一定适合运用到静态博弈中。

四、信息不对称——个人和企业面对的市场常态

为了方便后面的分析，这里先介绍信息不对称。

信息是一种十分重要的经济资源，是顺利、高效率地进行市场交易和经济活动的必需的经济元素。但信息常处于不对称状态。

信息不对称是指在相互对应的经济个体之间的信息呈不均匀、不对称的分布状态。也就是说，有些经济个体对关于某一事物的信息比另外的经济个体掌握得更多一些。如消费者购买手机时，对该款手机所掌握的信息一般比接待他的商场营业员要少得多，如对该款手机的产地、返修率、销售情况等，营业员了解的信息往往更多。在招工市场上，应聘人员对自己的能力和其他情况都“心中有数”，而招工单位充其量只能根据应聘人员的材料和谈吐、举止来大概判断该人的能力和性格等。

根据信息不对称发生在双方的交易契约签订之前还是之后，信息不对称又可分为信息事前不对称和信息事后不对称。对于经济学上所讲的交易契约，不应狭义地仅仅理解为交易双方正式签订的合同（契约）。根据约定俗成的商业惯例、社会习俗达成的默契及口头协议等都属于交易契约。如消费者在商场看了某件样品后，提出要购买，虽然双方没有正式签订契约，但实际上可被视为签订了交易契约，契约的内容包括：消费者按标示的价格付款；商场提供与样品一样的商品；商品的质量完好；对某些特殊商品甚至负责送货和安装；等等。这里的交易也不应仅仅狭义地理解为单纯的商品买卖关系。如男女双方结婚也可被认为是签订了契约，契约的内容包括：双方都要在感情上忠于对方；为家庭共同承担责任；对双方父母尽孝心；等等。当然，契约签订后（事后）常发生违约或不能很好地履约的情况，但这并不能改变当初签约的事实。

如果消费者在与商场“签订”交易契约之前（即还未购买某商品），对商品的相关信息的掌握比商场少，这便是信息事前不对称。假如用人单位与应聘人员签订用工合同后，对于该人员的工作努力程度并不很清楚（当然员工自己很清楚），这便是信息事后不对称。

由于不同的个人或者企业对同一事物或现象了解得同样清楚、同样深入几乎是不可能的，所以信息不对称是普遍性的。信息不对称也是个人和企业面对的市场常态。

五、刚开张的餐馆为什么请一些人来免费吃喝？——应对逆向选择的信号显示

（一）什么是逆向选择？

信息的事前不对称容易引发“逆向选择”。什么是逆向选择呢？下面从柠檬

市场着手展开分析。

柠檬市场实际上就是次品市场，因为“柠檬”这个词在美国俚语中表示次品、二手货，于是，在信息不对称理论中，常常把处于信息不对称环境中的次品市场称为柠檬市场。柠檬市场的代表是旧车市场，美国经济学家阿克洛夫以旧车市场为依托对逆向选择问题进行了卓有成效的著名分析。

可以设想，如果某人以 20 万元买了一辆汽车，在使用了一个月后，汽车依然像新的一样，没有任何质量问题。但车主由于某种原因，想将这辆车卖掉，这时他可能会发现，汽车也许最多只能卖 10 万元。应该说，汽车的折旧不至于如此快，但售价为何下降如此快呢？原因在于，虽然车主认为汽车质量没有问题，但潜在买主却会心生狐疑，毕竟该车是二手车。潜在买主会想，可能是因为车子质量有问题，所以车主想转让出去。而车子的质量缺陷是不熟悉的人难以在短时间内发现的，即使试着开一会儿，也不一定能发现汽车的质量问题。因此，为防自己吃亏，潜在买主的出价不会高，会尽量压低交易价格。

假如在某个旧车市场有 100 辆旧车待售，旧车的质量参差不齐，潜在买主愿出的最高价格为 10 万元。这样一来，那些对自己的车估值高于 10 万元的车主大多不愿出售，离开市场，只有低质量车还留在市场上。如果买主知道这一新的情况后，感到旧车市场的平均质量下降了，所愿出的最高价格也会下降，导致又有一些相对较高质量的旧车离开市场。这种状态下，价格的下降并不会带来需求量的增加。

也就是说，由于信息不对称，高质量旧车难以完成交易，需要高质量旧车的消费者和想要出售高质量旧车的车主的效用都受到了损害，降低了市场效率和经济效率。虽然从总体上讲，市场竞争的作用是优存劣汰，但在某些信息不对称的情形下，市场上却存在“劣质品驱逐优质品”的现象。这种现象在柠檬市场上表现得异常突出，但不只存在于柠檬市场，也存在于其他几乎所有市场。

逆向选择指的是信息劣势方感觉难以辨别信息优势方提供的信息，交易决策和交易价格随之发生扭曲，价格失去了平衡供求、促成交易的作用，导致以劣逐优的现象。 在上述的旧车市场分析框架中，信息不对称导致了不合理的价格，不合理的价格又“赶跑”了高质量车的卖主和买主，市场交易规模越来越小，市场交易越来越难以完成，市场选择和市场运行呈现逆向特征。这就是此类问题为什么称为逆向选择的原因。逆向选择原是保险业中承保人的常用语，意指投保人的选择与承保人的期望相反。

例如，在保险市场上，保险的购买者对自己将要面临的风险比保险公司知道得更清楚，即是说，保险的买卖双方掌握的信息是有差别的、不对称的。即使保险公司要求对想要购买医疗保险的投保人先做健康检查，投保人对自身的健康状况还是比保险公司了解得更多，因为全面的身体健康状况是难以通过一两次检查充分了解清楚的。

健康的人往往不太愿在这方面投保，而健康状况较差的人会较为积极地投保。保险公司为了减少损失，可能会提高保险费。但这样往往会使更多的健康的顾客离开保险市场，保险市场上投保人的平均健康状况比先前更差。保险公司又进一步提高保费，如此循环下去，直至最后购买保险的人都是健康状况非常差的。这种逆向选择使保险本身具有的将风险在不同风险程度的投保人之间分散的作用消失了，因为购买保险的都是些风险程度大的、健康状况不佳的人，保险在高风险程度的投保人之间是难以分散风险的。同时，市场价格机制的平衡供求、促成交易的作用大受抑制，社会资源配置表现为低效率。因为按照市场供求规则，健康状况不佳的人对保险的需求大于供给，保险费的提高本应促进供给、减少需求，从而达到平衡市场的供求目的。

保险市场与柠檬市场（如旧车市场）的信息不对称现象是有一定差别的，保险市场上，买方掌握的信息比卖方要多，而柠檬市场上，卖方掌握的信息比买方多。

再来看一般的商品市场。消费者如果知道市场上销售的某种商品有优劣之分，但不知道某件具体商品是属于优质品还是劣质品，因而不愿以较高的价格去购买鱼龙混杂的某种商品，而只愿出较低的价格。这就可能会使优质品退出市场。消费者了解到劣质商品的比率提高的情况后，出价会更低，如此循环下去，市场上将充斥劣质品。不仅生产和销售优质品的厂商的利益受损，消费者的效用水平也会因难以买到或买不到优质商品而降低，甚至生产和销售优质品的厂商也会走上邪路，开始生产、销售低成本的劣质商品。劣胜优汰的现象使市场运行处于混乱状态。假冒伪劣品比率越高的商品市场上，逆向选择现象就会越严重。

但人们也是有控制和缓解逆向选择的办法的。例如，从政府的角度来说，可以依法严厉打击和铲除假冒品，恢复和建立消费者对市场的信心，进而让市场机制淘汰低质量商品。从厂商和消费者个人的角度来说，可以通过信号显示和信号甄别方式来缓解信息的事前不对称，进而缓解逆向选择。

（二）信号显示与信号甄别

仍以前述的旧车市场为例。高质量车的车主如果能用某种办法使潜在的购买者确信或比较相信他的车属于高质量的，则市场交易就很可能以一个双方都觉得合适的价格进行并完成。也就是，高质量车的车主通过这种办法将他的车与低质量车区别开来，从而使不同质量的车以不同的价格完成交易，落实“按质论价"的市场规则，缓解或消除逆向选择。这里的"办法"就是对市场信号的利用。

市场信号本质上也是一种市场信息。如高质量车的车主依靠产品质量保证书或其他承诺等办法都可以传递他的车是高质量车这样一种信息。市场信号极为广泛，从产品质量保证书、保修承诺、商业信誉，到教育水平、品牌等，都属于它的内容或形式。对市场信号的利用方式又可分为信号显示和信号甄别。

信号显示是指为了解决逆向选择问题，信息优势方通过某种方式向信息劣势方发出市场信号，以表明自己的物品或自身属于优良(或较好)等级的行为。信号显示这种行为在我们的日常生活中到处可见，例如，产品的保修卡就可看作企业对自己产品高质量的一种信号显示。因为生产低质量产品的企业是不太敢承诺保修甚至终身保修的，否则，企业将付出极高昂的维修成本。

在前述的旧车市场中，如果高质量车的车主以书面方式承诺或通过公证机构承诺，假如买主在旧车使用的一定时期内发生重大质量问题，可以退回旧车或从旧车卖主处得到一定数额的经济补偿，则潜在购买者可能会相信这部旧车确实是质量较好的。而在法制环境和市场秩序较为健康的条件下，低质量车的车主一般是不敢提供这样的承诺的。

显然，名牌也是企业传递和显示的一种市场信号。消费者往往根据名牌与非名牌来区别产品的质量，从而宁愿以高价去购买名牌产品。虽然名牌产品中也可能会有低质量产品，但与非名牌产品比较起来，这种概率要小得多。

有的蛋糕销售商在临街的玻璃房中当着消费者的面现场制作奶油蛋糕，表明蛋糕及奶油是新鲜的；有的饭馆的榨汁机放置在食客云集的大堂当场用优质、新鲜的水果榨汁出售给顾客；有的餐馆的厨房是开放式的，食客能够观看菜肴的制作流程和其所采用的食材等，从而放心食用；有的企业的服务流程或生产流程是通过视频直播的，以显示其服务或生产的规范和高质量。有的上市公司大量回购自己公司的股票，或者公司高管增持自己公司的股份，显示对自己公司的信心。

有的餐馆刚开张时喜欢请一些熟人、朋友来免费吃喝一顿。因为它想向过往行人传递餐馆的菜肴和就餐环境等很受欢迎的信号。人们也是经常喜欢去就餐人多的餐馆就餐，而不太愿去就餐人少的餐馆就餐。因为餐馆就餐人数往往表明该餐馆受欢迎的程度。人们实际上是利用就餐人数的多少进行信息搜寻，而且是节约成本的信息搜寻。餐馆也正是利用人们的这种消费心理和从众消费习惯来进行信号显示。

经济学家斯彭斯将受教育程度看作劳动市场上的一种信号，它显示或传递劳动生产率的高低、工作能力的大小。雇主不知道众多求职者的劳动生产率状况，但可根据求职者受教育程度来予以判断。学历高的人，一般劳动生产率也高，反之亦然。因为修完高深课程并成绩良好的学生，一般更加聪明、勤奋、细心，从而劳动生产率较高。一个较笨、较懒的人要遭受更大的痛苦才能完成学业（这样的人很可能因此而不愿、不敢接受高等教育），或者根本完不成学业。所以，在信息经济学中，教育即使不能改进人们的劳动生产率，但也可以传递、显示劳动生产率较高的信号。人们为了显示自己的能力，就应该选择接受高学历教育。当然，高学历并不绝对等同于能力强，学历不是一个精确的信号，但却常常是一个很有效的信号。

信号显示有助于解决逆向选择问题，有助于改善信息不对称情况下的价格机制失灵、社会资源配置低效率的状况。但也应该看到，信号显示有时会造成资源的浪费。如企业花费过度的巨额广告费用宣传自己的名牌产品；企业为了某种信用评级耗费大量资源等。这些费用可能对经济个体是有益的，但从社会角度看，却往往是一种资源的浪费。

信号显示只是信息优势方向信息劣势方发出有关的市场信号，但如果信息劣势方希望主动去获得自己所需要的信息，他们该如何去做呢？他们虽然可以通过信息搜寻来达到自己的目的，但搜寻成本通常相当高。他们还可以通过另一种方式——信号甄别，获得自己所需要的信息。

信号甄别是指在进行市场交易之前，信息劣势方首先以某种方式使得信息优势方不得不发出表明自身特征、品质、类型等的信号，以供信息劣势方辨别、解读，从而改变自己在市场交易中所处信息劣势地位的行为。信号甄别较信息搜寻有两大优势，一是利用这种方式付出的成本会低得多，二是这种方式常常能够得到某些被隐藏起来、利用信息搜寻方式无法获得的信息。

例如，保险公司招聘保险业务员，众多应聘者都声称自己工作努力，保险业务能力强。保险公司对此无法事先辨别。但保险公司可设计和提供两种薪酬制度：一种为基本（固定）工资较高，但个人的保险业务量收入提成比率较低；另一种为基本工资较低，但个人保险业务量的收入提成比率较高。真正有保险业务能力或自信有这方面能力的人一般会选择后一种薪酬制度，而保险业务能力较低的人会倾向于前一种薪酬制度。这样，保险公司通过应聘人员对不同薪酬制度的选择便可大致区分他们保险业务能力的高低。在这里，处于信息劣势的保险公司要求应聘人员事先选择薪酬制度从而达到辨别其业务能力的行为便是一种信号甄别。

在一部反映抗美援朝战争的故事片《奇袭》中，志愿军侦察小分队趁夜潜入敌人的前沿阵地，扔出一块石头发出声响，“迫使”敌军在周围的各个火力点全部对着发出声响的地方开火（因为敌军会以为遭到偷袭）。志愿军侦察兵则将敌军暴露出来的火力点一一标记下来。在这里，扔石块便是志愿军侦察兵的一种信号甄别。

专栏 5-2 通过垃圾获取相关信息

美国雪佛隆公司为使产品开发更贴近消费者，20 世纪 80 年代初聘请了亚利桑那大学人类学系的威廉·雷兹教授对垃圾进行研究。教授与其助手每次都要在垃圾堆中挑选数袋垃圾，并对其内容进行分析，依照垃圾的内容按名称、重量、数量、包装形式等进行分类。如此反复进行了一年的研究。雷兹教授说："垃圾袋决不会说谎和弄虚作假，查看人们丢的垃圾是一种更有效的行销研究方法。"他通过对垃圾研究获得了有关当地食品消费情况的信息，并得出如下结论：

(1) 消费者饮用各种啤酒品牌的比例不同，其中低收入群体所喝进口啤酒比高收入群体多。

(2) 中等收入群体比其他收入群体消费的食物更多，这可能是因为他们主要是双职工，都要上班，没有时间处理剩余食物，因而丢弃的较多。在浪费的食物中，有 15％是还可以吃的好食品。

(3) 减肥的清凉饮料和鲜榨的橘子汁是高收入群体喜欢的食物。

雪佛隆公司根据雷兹教授研究分析所提供的第一手资料进行生产调整，并组织营销，获得了很大的成功。

（资料来源：王伟娅."什么样的人就丢什么样的垃圾"：企业营销与市场调查[J].企业家(武汉)，2000(3)：72—73.）

思考与讨论：

1. 雪佛隆公司和雷兹教授对信息采用的是何种运用方式？譬如是信号显示，信号甄别，还是信息搜寻？为什么说垃圾袋一般不会传递虚假信息？

2. 直接从人的衣着或者收入水平、职业等能否获取上述信息？

六、跟投——应对委托—代理问题的利益捆绑

信息的事后不对称会导致道德风险与委托—代理问题。

(一) 道德风险

道德风险指的是交易双方在签订交易契约后，信息优势方在使自身利益最大化的同时损害了信息劣势方的利益，而自己并不承担由此造成的全部后果的行为。

道德风险产生的原因在于交易契约为交易双方建立起了一种关系，在这种关系中，信息劣势方无法观察到信息优势方的全部行为，最多只能观察到行为产生的不利后果，而且又无法确定这种不利后果的产生是否与信息优势方的行为不当有关，因此只能成为受害者。

道德风险原也是保险业中承保人的常用语，意指投保人发生不利于承保人的行为变化。这里以汽车防盗保险为例来作说明。在汽车车主未购买汽车防盗保险以前，他会警惕性颇高地防止汽车被盗。但在购买了汽车防盗保险之后（即与保险公司签订交易契约后），他的防盗警惕性可能会大大下降。如将汽车经常停放在不安全地域、停放时常忘记锁上车门等。一旦汽车被盗，车主会要求保险公司理赔。保险公司只能事后确定汽车被盗的事实，由于信息不对称，无法了解汽车被盗的真实原因。也许汽车被盗是因为车主未锁车门（根据保险条款，这种情况不应要求保险公司理赔），但车主谎称汽车是在正常情况下被盗的，处于信息劣势的保险公司只得认栽。

在这里，投保人的道德风险造成了不良后果：首先，保险公司的利益受损。其次，道德风险现象的普遍化可能会逼迫保险公司提高保险费率，甚至干脆取消该项业务，这对投保人是不利的，也有害于保险业务的发展。最后，车主防盗警惕性的降低会使汽车这种资源频繁地转移到偷盗者那里。而所有这些，都意味着社会经济资源配置效率的降低。

道德风险现象广泛存在于社会生活的各个领域。如：

上市公司公开募集资金后，便违背募股时对投资者的承诺，将资金暗中挪用，或以种种借口投资于别的用途。装潢公司违背合同或口头协议，在装潢过程中偷工减料，损害客户利益。医院的医生在治疗过程中不认真负责，造成医疗事故，但处于信息劣势的病人及其家属难以提供医院应该负责的证据，使得医院及医生可以逃避责任。有的政府官员就职时花言巧语，任职后便暗中以权谋私。

（二）委托—代理问题

委托—代理本来是法律用语。当甲方授权乙方代表甲方从事某种活动时，就产生了委托—代理问题。甲方被称为委托人，乙方被称为代理人。引申到经济学上，譬如，企业所有者为委托人，企业经营管理者为代理人，这只是第一层次的企业委托—代理关系。第二层次的委托—代理关系为企业经营管理者与企业一般的生产劳动者，企业经营管理者为委托人，一般的生产劳动者为代理人。当然，也可以将企业所有者视为委托人，将企业的所有雇员视为代理人。

委托—代理问题指的是在交易契约确定的关系框架中，处于信息优势的代理人为了追求自己的最大化利益而损害处于信息劣势的委托人的利益，委托人却难以追究或难以充分追究代理人的责任。把这个定义与道德风险的定义相比较，可以发现委托—代理问题实际上是一种道德风险现象。由于委托—代理问题的分析架构清晰地关联了对应的双方，在很多场合的分析显得更为明确、直接和充分。

产生委托—代理问题的条件有三个：

1. 委托人与代理人追求的目标不一致

譬如，对于作为企业所有者的委托人而言，追求利润最大化是其最主要甚至唯一的目标，委托人的目标需要通过代理人的经营努力才能实现，但是委托人的目标与代理人的目标常常不一致。对于代理人中的经营管理人员来说，其目标是多元的，除了获取个人经济收入最大化的目标外，还有诸如追求企业规模的扩张以便扩大自己对企业的控制力、提高自己的社会地位和名望等。因此，有损于利润最大化的企业规模非理性扩张却可能是代理人所热衷追求的。对于普通的工人来说，他们的目标主要是得到更多的工资收入，或者在工资收入既定的条件下追求休闲的最大化。委托人与代理人追求的目标虽然有一致的地方，但不一致的地方通常表现得更多，这些不一致性常常可能导致代理人做出对自己有利但有损于委托人利益的事情来。

2. 委托人与代理人之间的信息不对称，使委托人难以监督代理人的行为

如果代理人的行为是可以被观察与监督的，委托人就可以采取一些相应的措施来处罚代理人对委托人利益的损害行为。然而，由于信息不对称，代理人对自身行为的了解要比委托人清楚得多，委托人无法知道代理人是否在全身心地努力工作，对代理人有些违背自己利益的行为也难以监督并加以处罚。这样，代理人就可利用信息优势来努力追求自己的个人目标，在这过程中，经常会有意或无意地以牺牲委托人的利益为代价。

例如，某上市公司的总经理以商务考察为名去欧洲多国，花费了公司大量资金，但实际上这是一次以个人旅游观光为主的旅行。然而，作为公司所有者的股东由于信息不对称，只能相信他是辛辛苦苦地进行“商务考察”，甚至根本不知道他去过欧洲。

3. 代理人的业绩不仅取决于其活动和努力程度，还取决于其他一些不可预测、不可抗拒的因素

因此，代理人可以借口这些因素以掩盖自己的行为信息。如企业重大亏损明明主要是由自己的工作不努力、管理不到位造成的，代理人却可以归咎于市场的变幻无常。

企业内部出现的委托—代理问题，造成的后果不只是使委托人的利益遭受损失，同时也会影响社会资源的配置效率。因为在委托—代理问题不存在或不严重的条件下，企业规模的扩张会更合理，技术进步会更快，产出量会更大，缴纳

的税收会更多，等等，也就是整个社会经济资源的配置效率会更高。

经济学家还常用委托—代理链的长短来说明和刻画委托—代理问题的严重程度。委托人与代理人之间的目标偏差越大，信息越不对称，意味着委托—代理链越长，委托—代理问题越严重。一般来说，小型私人企业的委托—代理链很短，中型家族企业的委托—代理链较短，上市公司的委托—代理链相对较长。

委托—代理问题有时也用代理成本来刻画。**代理成本指的就是因为委托—代理关系而使委托人产生的利益损失和相关的费用支出**（如对代理人的监督费用等）。

企业生产经营中的委托—代理问题有时也被概括为内部人控制问题。内部人是相对于企业股东和企业债权人等外部人而言，主要是指企业内部的经营管理者和生产劳动者。**内部人控制问题就是指企业内部人员合谋，利用信息不对称和其特有的管理、专业和操作等优势，在事实上控制着企业的生产经营运行，并不惜损害外部人利益而为自身牟利的现象。**工资侵蚀利润、吞占所有者资产等都是其表现。当然，内部人也有层次之分，相对于一般生产劳动者，企业经营管理者又是另一个层次的内部人。

专栏 5-3 股市中的老鼠仓

股市中的老鼠仓指的是，证券投资基金或证券公司等机构具体负责买卖股票的人员在用机构资金大量买入和拉高某一股票或某些股票之前，先用自己个人或亲属的资金在低价位建仓，即在低价位买入股票。待用机构资金将股价拉升到高位后，个人仓位率先卖出获利。这种情况下，个人股票投资的收益率大大高于本机构的投资收益率，甚至在个人投资获利的同时，机构可能还会出现亏损。因为机构资金和机构名下的股票常常要为掩护个人资金撤退作出牺牲。

还有一种情况是，基金经理或证券公司的操盘员（具体负责买卖股票的人员）用本机构的巨额资金去大量购买他自己并不看好的某只股票。之所以如此，或者因为他自己在该股票上被套，他想利用本机构的资金为自己解套；或者因为别的庄家在该股票上被套，庄家答应他，他将股票价格推高后就会给他好处，因而这些基金经理或证券公司的操盘员就会不惜牺牲自己机构的利益。这些基金经理或证券公司的操盘员事后可以找出一大堆理由为在这只股票上的投资亏损和投资失误辩护，如这只股票的技术走势形态当时不错；这只股票所属的上市公司有新的盈利增长点；人不是神，股票投资亏损是难免的；等等。

从经济学上讲，基金经理是代理人，基金持有人或基金投资人是委托人；证券公司的操盘员是代理人，证券公司的管理层和公司股东是委托人。基金经理和证券公司的操盘员等利用信息不对称损公利己，实际上是一种委托—代理问题。老鼠仓是一种严重的金融违法行为，面临着法律的严厉制裁。机构内部管理的改进和基于大数据的证券市场监管水平的不断提高已使这样的行为大大收敛，但证券市场的监管依然不能放松。

思考与讨论：

请分析基金经理与证券公司资产管理人员的委托—代理现象产生的原因及应对之策。

（三）委托—代理问题的应对

由于不可能彻底铲除委托—代理问题产生的前述三个条件，因而委托—代理问题也不可能被彻底消除。委托人控制和缓解委托—代理问题的对策应是围绕这一问题产生的原因和条件来展开。总的对策思路是应该使代理人的目标与委托人的目标趋向一致或偏差不致太大，这样的话，代理人才会将委托人的目标当作自己的目标或近似地当作自己的目标去努力奋斗，不会做出违背或过分违背委托人利益的事情来。还有就是要想办法改善委托人与代理人之间的信息不对称状况，使委托人能更好地观察和监督代理人的行为。

1. 利益激励机制

企业管理层或企业内部人员持股、承包制、业绩提成、业绩奖励等均可看作利益激励的具体形式。它们的共同点都是实现委托人与代理人的一定程度的利益捆绑。例如，公司管理层持有公司不少的股份后，自己努力经营，公司的业绩好，自己也能从公司取得满意的分红、自己持有的股票价格也会上涨甚至大幅上涨，从而使自己的资产增值。

一些公司或上市公司的管理层不持有公司的股份，这常常被认为可能不会为公司的经营尽心尽力。在公司治理结构优化过程中，部分公司实施了管理层收购或持股，即公司管理层主动购买公司的一部分股份甚至成为控股股东，或者公司股东要求管理层必须购买公司的一部分股份。在股票交易市场，管理层收购或持股的公告常常会带来公司股价的一定幅度的上涨。管理层收购或持股被认为可以使得管理层更好地为股东利益服务。

甲和乙是一家私募股权投资基金的项目人员，他们通过对某实业公司的调研，认为该公司值得投资，于是将这一投资项目推荐给自己所在的私募股权投资基金。投资基金公司经讨论，决定向该实业公司投资5 000万，但要求甲和乙也分别以自己个人的资金跟投80万。这就是投资基金的“跟投”机制。其目的是将具体负责的项目人员与投资基金的利益捆绑，防止项目人员同作为投资对象的实业公司串谋，欺骗投资基金。例如，明明这家实业公司是不值得投资的，但实业公司答应只要项目人员说服投资基金进行投资，就会私下给项目人员一定的报酬。实行跟投后，项目人员与实业公司串谋的可能性就会大大降低。因为如果该实业公司是不值得投资的，投资基金项目人员自己跟投的资金也将会亏损。而一旦投资基金所投的项目今后获利，跟投的项目人员也会跟着获利。

现在很多直接投资于股票交易市场的投资基金在发行时，基金经理和基金公司的其他相关人员也经常以跟投的方式向基民显示基金投资业绩与自己的利益是实行了一定程度的捆绑的。

2. 信息疏通机制

如果说利益激励机制旨在解决委托人与代理人之间的目标偏差，增强代理人工作努力动能的话，信息疏通机制则旨在缓解委托人与代理人之间的信息不对称，提高委托人对代理人的监督效率及对代理人工作努力程度的辨别能力。

这方面最著名的机制之一便是上市公司的信息披露机制。上市公司生产经营方面的重大决策和重大事项被强制性要求及时、准确、充分地披露；上市公司的财务报表被要求定期公布，甚至可供股东查阅；等等。这样无疑可以强化股东甚至社会各界对上市公司管理层的有效监督。不难理解，企业审计等制度也有助于掀开企业内的信息面纱，约束代理人的行为。

七、看人定价——企业的价格歧视

企业一般就自己提供的同一种商品，对所有购买者和所有购买量都索取相同的价格。但在某些市场运行环境中，企业或其他经济主体会**以不同价格销售成本相同的同一种产品，这就是价格歧视。**价格歧视有三种主要类型。

（一）一级价格歧视

如果企业对每一单位产品都按消费者所愿意支付的最高价格出售，这便是一级价格歧视。通过竞价进行的拍卖就类似于一级价格歧视。

专栏 5-4 口渴难耐时的买瓜故事

某年暑假，上海某高校的两位大学生从上海出发，骑自行车去杭州旅游。气温近40℃的中午，两位大学生来到马路边农民搭的一个凉棚中稍作休息。由于随身携带的饮用水已经喝光，一个多小时没喝水的大学生见到凉棚中有甜瓜卖，兴奋异常。

看到两位大学生口渴难耐的样子，农民对每只甜瓜的开价是6元。大学生大呼太贵，但由于实在太渴，经讨价还价，还是以每只5元成交。一只甜瓜显然不解渴，大学生提出每人再买一只，讨价还价的结果是每只4.5元成交。大学生再要每人买第3只，农民开始坚持每只仍是4.5元。但大学生说，第3只还卖这个价的话，我们就不买了，就继续上路，反正已经吃过两只甜瓜了，我们骑上几十分钟，前面肯定有商店或城镇可以买到水。在大学生的"威胁"下，农民最后以每只2元的价格出售了第3只甜瓜。

在这里，农民通过讨价还价摸清了大学生对每一只甜瓜所愿出的最高价格，并分别以最高价格出售了每一只甜瓜。

思考与讨论：

如何理解这个案例体现了一级价格歧视？

(二) 二级价格歧视

如果企业对不同的消费(购买)数量段规定不同的价格，这便是二级价格歧视。

譬如，批发商品的单价均比零售商品的单价低；宾馆对旅行社组织的团体客就每一间客房索取的价格比对散客索取的价格均要低。销售中的回扣也属于二级价格歧视，因为购买量达到一定程度后，才可享受回扣，回扣实质上就是降价。购买产品达到一定数量后，超过某一数量界限的产品的单价会降低的情况是较常见的。

以上讨论的二级价格歧视为消费量越多，定价越低的情况。二级价格歧视还常存在消费量超过一定程度后，超过部分的定价更高的情况，如每月的家庭用电量超过一定度数后，超出部分的电价更高。

(三) 三级价格歧视

企业对成本相同的同一种产品在不同市场上(或对不同的消费群)收取不同的价格，这便是三级价格歧视。三级价格歧视是最盛行的价格歧视形式，案例比比皆是：电力公司对家庭用电、工业用电分别按不同价格收费；水果在收入水平不同的区域的价格不同；学生与非学生乘火车的票价不同；超市里的饮料价格与娱乐场所的饮料价格不同；宾馆在旅游旺季和淡季的住宿价格不同；等等。其定价参考依据是不同市场的不同的需求弹性。譬如，饮用水在普通超市的需求弹性较大，价格稍微提高一点，人们就会去别的地方买；但饮用水在KTV歌厅的需求弹性较小，即使价格定得较高，消费者还是会买。

专栏 5-5 为什么麦当劳愿意以半价出售第二杯饮料？

对于这个问题，许多人在新浪微博上展开了热烈讨论。

@思想聚焦：对于麦当劳而言，一杯饮料的成本包括了店租、水电、人工和原材料。你在买第一杯的时候已经把所有这些费用都分担了，后面半价的第二杯只需要原材料的成本，即为边际成本，而这个很低。所以也许麦当劳通过第二杯从你身上赚的钱更多。

@许小年：因为消费者的边际效用递减，而不是企业的边际成本递减。喝了第一杯之后，不那么渴了，第二杯饮料带来的满足感低于第一杯。

@李大婧学术搞不来：可是老师，实际上我们买的时候经常是把第二杯给第二个人喝，这样的话第二杯带来的效用不是没有减少么？

@华师叶回复@李大婧学术搞不来：对于你来说，第一杯自己喝，边际效用最大。第二杯作为礼物送给别人喝，但对于你自己而言，作为礼物的边际效用已递减了，虽然对喝这第二杯的人来说，效用很大。正是由于边际效用递减，才可能实行价格歧视或差别定价。

@魔鬼经济学：我认为店租是麦当劳的固定成本，是不会受经营状况影响的沉没成本（原材料、人工、水电）。标准化流水线出来的每杯饮料的边际成本是一样的。我觉得思路应该是：边际效用递减使得可以实施价格歧视。

也有网友认为：@许小年的解释比@思想聚焦的解释更好，但也没有说透，声称如果让我解释，就是需求曲线向下倾斜时的价格歧视。

@展颜_Anna：明显是价格歧视。这个价格歧视对麦当劳和消费者都有好处，消费者以更低的价格享受到了第二杯饮料，麦当劳也多赚了钱，双方都获得了消费者剩余。

@天天向上：买卖双方都得益不假，但不一定意味着双方都获得了消费者剩余。譬如，如果买方对第一杯和第二杯愿出的最高价格分别是 2 元和 1 元，成交价也恰好分别是 2 元和 1 元。哪来的消费者剩余？当然也谈不上卖方对剩余的攫取。如果买方本来愿出的最高价格是 2.5 元，售价只有 2 元，才存在消费者剩余。严格地说，是单一价格条件下销售两杯饮料时存在的消费者剩余被实行价格歧视后的卖方占有或部分占有了。

还有人吐槽：人家两杯的销售肯定是以情侣为代表的两人分享为主，所以定价策略跟所谓经济学原理没有半毛钱关系。

思考与讨论：

对于这个问题，你是如何理解的？

价格歧视可使企业运用灵活的价格策略，得到更多的利润。部分消费者的利益则受到损害。

但是，价格歧视对消费者也有益处，因为它使得生产者或供应商能够向某些消费群体、消费阶层提供产品和服务。例如，都按家庭用电收费标准收费的话，电力公司可能要亏本甚至破产，对工业用电收费较高使它亏损减少，或者盈利，从而能继续向社会供电。

当然，价格歧视也具有促进消费（消费量越多，价格越低）或限制消费（消费量越多，价格越高，如家庭用电量超过一定度数后的电价更高）的功能。

八、麦当劳与肯德基为什么比邻而居？——霍特林模型

美国经济学家霍特林列举了一个设定情境案例。假设在一个 1 公里长的海滩上，有两个小贩设点卖冰淇淋。为分析的简便，设两个小贩卖的冰淇淋是同质的，且定价相同。这样，距离便成为游客决定到何处买冰淇淋的唯一考虑因素。再假定游客数量在海滩上是均匀分布的，每人都购买且只购买一只冰淇淋。

如图 5-3，设 A、B 两点为两个小贩开始时的摊点位置，这样，C 点（AB 之间的中点）左面的游客会选择到小贩 A 处购买，C 点右面的游客会选择到小贩 B 处购买。小贩 A 不会甘于现状，他会将摊点搬至 B 的右边，因为 BF 段比 BE 段长。小贩 B 也会搬动。如此下去，两个小贩最后都会在 EF 的中点处紧挨着设摊，各自占据一半市场，达到均衡状态。

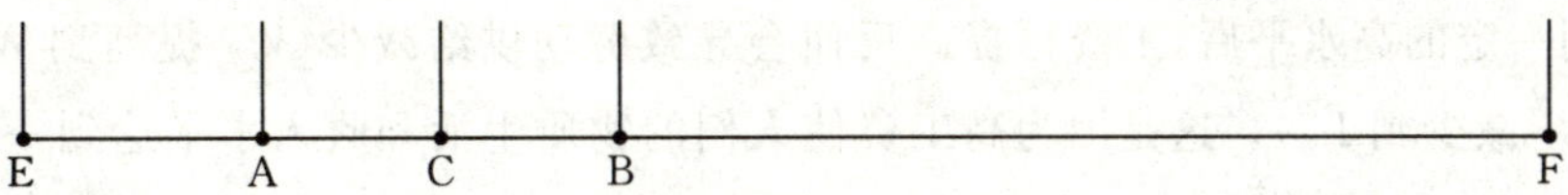

图 5-3　霍特林模型中的“选址”

这一案例描述的现象及其引申的结论就是霍特林模型。现实经济社会中，常可见到竞争对手近距离甚至紧挨着设点竞争的情形，如不同银行的网点在同一区域扎堆；不同品牌的汽车 4S 店离得很近；麦当劳与肯德基比邻而居；综合购物商城集聚了不同的品牌专卖店，甚至紧挨着排列众多的餐馆或者服装店等。

现在，我们把不同的地理位置解释为产品的不同特性。譬如，1 公里长的海滩可以解释为饮料的甜度，图 5-3 中的 E 点是淡而无味的，“味轴”自左向右，甜味渐增，F 点代表重甜腻嘴。市场上的消费者对不同甜度的偏好可假定为均匀

分布。据上分析，在生产企业只有两家的条件下，竞争的结果是最终都会生产甜度中性的饮料，以占据尽可能大的市场份额。这可以解释为什么有些竞争对手的产品差异度不大，如可口可乐与百事可乐、麦当劳与肯德基等。

当然，霍特林模型只是能够为一部分企业行为和经济现象提供解释，不可能为所有的企业行为和经济现象提供解释。

九、企业员工的工资并非越高越好——后弯的劳动供给曲线

企业给员工发放工资(包括奖金等)是企业的日常行为之一。但并非像人们通常认为的员工的工资水平越高，员工的劳动供给就越多，劳动积极性就越高。

如图 5-4，横轴代表劳动供给量，纵轴代表平均每小时的工资水平。S 曲线为劳动供给曲线。

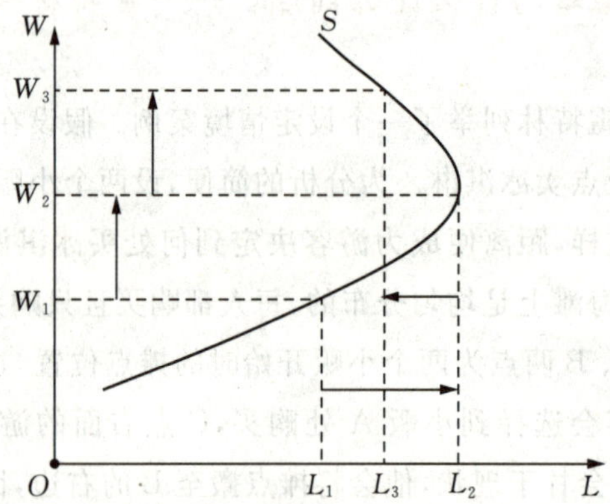

图 5-4 后弯的劳动供给曲线

起初当工资提高(由 W_1 到 W_2)时，劳动供给增加(由 L_1 到 L_2)。但工资提高到一定的高水平后，工资再提高反而会导致劳动供给减少(W_2 提高到 W_3 带来 L_2 减少到 L_3)。这是因为高工资使人们的物质生活和收入水平达到一定程度后，人们会追求“闲暇”的增加。通俗地说，员工觉得收入水平已经较高了，已经衣食无忧了，何必再像过去那样拼命地工作呢？还不如偷偷懒，或者找借口请假休息休息，或者干脆辞职居家休息。这是许多发达国家劳动力不足的原因之一。图 5-4 中的劳动供给曲线也叫作后弯的劳动供给曲线。当然，一般情况下，劳动供给曲线具有正的斜率，即向右上方倾斜的那一段。

后弯的劳动供给曲线是得到许多实证数据的支持的。根据这条曲线，企业在员工的收入达到一定水平后，不应该动辄加工资，因为随便加工资对于刺激员工的劳动积极性可能适得其反。企业应该注意企业文化建设，增强员工对企业的向心力。企业应该注意对员工的精神激励，或者奖励休假等方式。

现在越来越多的企业对于工作上表现优秀的员工，不是简单地以发放奖金的方式进行奖励，而是以奖励休假时间或增加带薪休假时间来部分替代发放奖金的方式。还有的企业将资助员工旅游作为发放福利的一种方式。这样做的理论依据是什么？

十、怪异的QWERTY键盘为何沿用至今？——路径依赖

QWERTY是电脑键盘上字母区左上方6个字母的连写。人们把这样分布的键盘称为QWERTY键盘。为什么所有电脑、打字机上的键盘的字母编排顺序都是一样的？字母的键位分布为何不按英文字母顺序而是怪异得让人摸不着头脑呢？

电脑键盘承袭于打字机的键盘。QWERTY键盘布局是美国人克里斯托夫·拉森·授斯(Christopher Latham Sholes)在1868年申请的专利。他发明的打字机的键盘最初是按英文字母顺序排列的。但后来发现，打字员在当时的机械式打字机上打字时，键盘中的机械杆经常相互碰撞发生故障，严重影响了打字速度以及打字机的寿命。

为了解决这个难题，授斯去请教他的妹夫——一名教师身份的数学家。他妹夫提出了一个解决方案：在键盘上把那些常用的连在一起的字母分开，这样击键的速度就会稍稍减慢，也就减少了故障的发生。因为当两个位置接近的字母键在快速打字过程中几乎同时被敲击按下的时候容易碰撞并卡住，但如果高频率连击的两个字母相距较远的话，就会大大降低故障率。

授斯采纳了建议，将最常用的几个字母安置在相反方向，并根据手指的灵活性来安排字母键的位置。例如，“O”是英语中使用频率很高的字母，将它放在右手的无名指下；字母“S”和“A”使用频率也很高，将它们交给了最笨拙的左手无名指和小拇指来击打；而使用频率较低的“V”和“J”等字母却由最灵活的食指来负责。

授斯在1868年申请了QWERTY键盘的专利，1873年使用此布局的第一台商用打字机成功投放市场。后来随着机械式打字机制作工艺的改进，连续敲击两个相邻的键盘也不会卡住了，特别是后来的电脑键盘根本就不存在机械杆问题。但当初故意降低打字速度的低效率的QWERTY键盘却一直沿用至今。

后来曾经有过多人先后发明了字母排列更科学合理的键盘，但都无力替代QWERTY键盘。原因是人们已经习惯了QWERTY键盘，习惯势力太强大。如果采用新的字母排列方式的键盘，人们要重新学习和适应，生产商要重新设计和安排新的生产流程。那样做的社会成本太高了。

再举一例。美国的铁路轨距标准距离是四英尺又八点五英寸，为什么采用

这个标准呢？因为美国的铁路是由英国人建造的，采用的是英国的铁路标准。而英国的铁路是由建电车的人设计的，采用的是电车轨道的标准。最先造电车的人以前是造马车的，所以电车的标准沿用的是马车的轮距标准。马车的标准又是从古罗马人那里来的，包括英国在内的几乎整个欧洲的长途马路都是古罗马人为军队战车所铺设的，四英尺又八点五英寸正是罗马战车的宽度。古罗马战车的宽度为什么是四英尺又八点五英寸呢？原因很简单，这是牵引一辆战车的两匹马的身体后半部并排的宽度。

更有趣的是，古代的两匹马的身体后半部并排的宽度不仅决定了美国的铁路轨距标准，而且决定了美国航天飞机推进器的直径。美国航天飞机燃料箱的两旁有两个火箭推进器。这些推进器造好之后要用火车运输，路上要通过一些隧道，而这些隧道的宽度只比火车轨道宽一点，所以火箭推进器的宽度不能超过火车轨道的宽度。也就是当今世界上先进的火箭推进器的设计实际上在两千年前就由两匹马的身体后半部并排的宽度决定了。

上述两个案例是路径依赖的经典案例。**路径依赖指的是一旦选择了某一路径，由于规模经济、转换成本、学习效率以及既得利益约束等原因，会沿着既定的方向和路径不断地自我强化。**这就好比走上了一条不归之路，惯性的力量会使这一选择不断地自我加强，轻易走不出去。美国经济学家诺思因为对路径依赖相关问题的卓越研究而获得1993年度的诺贝尔经济学奖。

路径依赖的现实案例比比皆是。譬如，有的人因为某种偶然原因选择了自己并不喜欢的职业，但后来却越干越喜欢；或者虽然想跳槽到其他行业，但很难成功；或者自己即使不喜欢，也只好将就了，因为对别的行业不熟悉，不愿再花时间和精力去学习了。有的IT行业和半导体行业中的企业一旦选择了某种产品开发的技术路径，就很难再去重新选择其他的路径了。有的企业一旦选择了某种商业模式，就会自我强化。除非花费巨大的成本才可能重新进行新的选择。上述案例也说明了为什么企业在制定行业的技术标准或产品标准方面那么不遗余力。

复习思考题

同步训练

1. 熟悉下列概念。

囚徒困境　　智猪博弈　　上策均衡

纳什均衡	零和博弈	常和博弈
变和博弈	静态博弈	动态博弈
信息不对称	逆向选择	信号显示
信号甄别	道德风险	委托—代理问题
代理成本	内部人控制问题	跟投
价格歧视	霍特林模型	后弯的劳动供给曲线
路径依赖		

2. 列举日常生活中的囚徒困境和智猪博弈现象。

3. 下面三个事例分别属于何种行为：是逆向选择，道德风险还是犯罪行为？并说明原因。

(1) 某人为自己的房屋保了火灾险后就不注意防火，最终导致房屋失火。

(2) 保险公司被迫提高保险费率后，某人仍积极为自己的房屋投保，因为他知道自己的房屋处于火灾易发地区，而不少其他地区的家庭则选择了不投保。

(3) 某人为自己的房屋投保了火灾险后就纵火把房屋给烧掉了。

4. 说明依靠道德教育解决道德风险的局限性。

5. 列举并分析日常生活中的委托—代理现象。

6. 委托—代理问题能否被彻底解决和永久性解决？为什么？

7. 尝试设计一套价格歧视方案，既尽量满足国内外游客游览故宫的愿望并保证故宫的门票收入，又能适当控制每天的游客流量。

第三篇　市场如何运行——宏观角度

社会经济生活中，我们既可看到微观层面的市场运行，如消费者的消费活动，企业的生产活动等，也能看到宏观层面的市场运行，如整个社会的物价上涨，政府的经济调控等。

第 6 章　宏观经济的核算

微观角度的市场运行，可以通过产品价格、产量、企业生产成本和收益等来刻画和观察。宏观角度的市场运行，也需要通过一些数量指标来刻画和观察。这些数量指标及其计算、汇总等就是宏观经济的核算。

首先要说明的是，宏观经济、国民收入、国民经济这几个概念经常是在同一意义上使用的。宏观经济的核算也叫国民收入的核算。宏观经济是一个庞大繁杂的体系，因此，有必要首先将它分解和量化，也就是先要解决宏观经济的核算问题。

一、20 世纪人类最伟大的发明之一——GDP

美国著名经济学家萨缪尔森认为，GDP 是 20 世纪人类最伟大的发明之一。他将 GDP 比作描述天气的卫星云图，能够提供经济状况的完整图像，能够帮助判断经济是在萎缩还是在膨胀等。美国经济分析局(BEA)和其他众多经济学家也对 GDP 给予了相似的赞誉。

GDP 是国内生产总值的英文缩写，在宏观经济核算体系中，它被认为是衡量宏观经济运行情况的一个最重要的指标。

(一) GDP 的概念

GDP 指的是一定时期内(如一年、一个季度等)，一个国家(或经济体)在其领土范围内所生产的全部最终产品和服务的市场价值总和。

设某国某年在其领土范围内生产的最终产品和服务共有 n 种，P_1、P_2、…、P_n 分别表示 n 种产品或服务在该年的价格，q_1、q_2、…、q_n 分别表示 n 种产品或服务在该年被提供出来的产量，则该国该年度的 GDP 可表示为：

$$\text{GDP}=P_1\cdot q_1+P_2\cdot q_2+\cdots+P_n\cdot q_n$$

当然，这是为了便于理解，从 GDP 的定义出发所作的一种简化表示，它假设其中任何一种产品和服务的价格不变。如第 1 种产品的价格始终为 P_1。

为了全面、准确地理解和掌握 GDP，有必要弄清以下几个概念：

1. 中间产品与最终产品

根据产品的用途，产品可分为中间产品与最终产品。中间产品是指用来参加其他产品的生产过程的产品，如原材料、燃动力等。最终产品是指已经退出生产过程，供最后使用者或消费者购买的产品，如消费品、出口品、住宅、飞机、武器等。当然，最终产品还包括服务产品，如理发等。

很多产品既可用作中间产品，又可用作最终产品。例如：煤炭用于发电，属于中间产品，而用于家庭生火做饭，则为最终产品。布料用于直接出售，属于最终产品，而用于服装厂制作服装，则属于中间产品。玻璃被住宅开发公司购买用以装饰待售住宅的门窗时，属于中间产品，而被某住户购买用以装饰门窗时，则属于最终产品。由于中间产品的产值已经或将会包含在最终产品的产值之中，所以为了避免重复计算，GDP 只能计算统计期内的最终产品的产值。

2. 总产值与增加值

某产品的总产值是指统计期内生产的全部产值，即销售总收入。增加值（或称附加值）是指统计期内生产中的新增产值，即销售总收入与消耗的中间产品的产值之间的差额。

例如，一个棉农将一年中生产的籽棉出售给轧棉厂加工成棉花，轧棉厂又将这些棉花出售给纺纱厂加工成棉纱，一直到最后服装厂加工成服装出售给顾客。这样一个生产过程的总产值与增加值可列为表 6-1。

表 6-1　服装生产过程的总产值与增加值　　单位：美元

生产者	产品	总产值	增加值
棉　农	籽棉	1 000	1 000
轧棉厂	棉花	1 400	400
纺纱厂	棉纱	2 000	600
织布厂	棉布	2 800	800
印染厂	花布	3 800	1 000
服装厂	服装	5 000	1 200
总　计		16 000	5 000

为简便起见，这里假定棉农种棉的成本为零，籽棉的产值全部是新创造的，总产值等于增加值。但以后的加工过程就不是如此，棉花的总产值为 1 400 美元，其中包括购进的 1 000 美元的棉花转移过来的产值，即增加值只有 400 美元，直至最终产品服装，其总产值为 5 000 美元，服装厂新创造的增加值只有 1 200 美元。这里也显示，最终产品（服装）的总产值（5 000 美元）等于整个生产过程的累计增加值（5 000 美元），所以，按最终产品总产值定义的 GDP 也等于整

个生产过程中各个阶段的增加值累计之和。

由于总产值中已经包含了中间产品的产值(如5 000美元的服装中包含了3 800美元的花布的产值),就不应再计算中间产品的产值,否则就重复计算了。如上例中将每一生产阶段的中间产值进行计算的话,总产值为16 000美元,明显地夸大了GDP。

从以上对于GDP的定义阐释中可以理解,GDP与社会总财富是两个不同的概念。简单来说,前者指的是一定时期内新生产出来的产品(服务)的产值,是一个增量概念,后者指的是已经存在的所有产品(服务)的总产值(过去历年生产出来累积的总产值)。举一个高度简化的例子,某小岛上的几个渔民在某年捕的鱼的数量乘以一个合适的市场价格就是他们在该年生产的GDP。他们在岛上拥有的两幢房子、捕鱼工具、衣服(均为过去所建造或购置)、头一年捕的鱼制成的鱼干以及当年捕的鱼分别乘以各自的市场价格后加总,便是他们拥有的总财富。

(二) GDP的兄弟GNP

与国内生产总值(GDP)关系密切的另一概念是国民生产总值(GNP)。**GNP指的是一国国民在一定时期内所得到的收入总和。**从GDP和GNP的定义中可以看出,GDP的统计依据是国土原则,GNP的统计依据是国民原则。

假如,某中国公民在法国本土的企业工作所获得的收入,或者持有法国企业股票所获得的红利收入和差价收入,或者开办企业所获得的利润是中国GNP的构成部分,但却属于法国GDP的一部分;美国杜邦公司与中国某公司合资在中国本土成立了一家企业,杜邦公司持有10%的股份,则这家合资企业某年的利润的10%属于美国该年GNP的一部分,但却计入中国该年的GDP。

由此可见,GNP衡量的是一国国民或公民的总收入,而不管其收入是从国内还是从国外获取的;GDP衡量的是一国领土范围内或境内所有产出的总产值,而不管这些产值的所有者是本国公民还是外国公民。可以说,GNP是一个收入概念,GDP是一个生产概念。

外国公民在某国(如A国)获取的收入是凭外国的生产要素(如劳动、资本等)取得的,因而这种收入可看作为外国生产要素在A国获取的收入,同样,本国(A国)公民在国外的收入也可视为本国生产要素在国外的收入。既然GDP中有外国生产要素在A国的收入,同时,又没有包含本国生产要素在国外的收入,因此,从GDP中减去外国生产要素在本国的收入,再加上本国生产要素在国外的收入,便得到本国的GNP。如果将本国生产要素在外国的收入减去外国生产要素在本国的收入定义为“来自国外的净要素收入”,则存在:

$$\text{GDP}+\text{来自国外的净要素收入}=\text{GNP}$$

或者

$$\text{GNP}-\text{来自国外的净要素收入}=\text{GDP}$$

在这里，有的读者也许会心存疑虑：前面不是说 GNP 衡量的是总收入，GDP 衡量的是总产值吗？总收入减来自国外的净要素收入能等于总产值吗？实际上，无论是总收入还是总产值，都体现为一定的货币值，因此是同质的变量。更为根本的是，产值是可以转化为生产要素收入的，甚至可以说，产值本质上就是各种要素的收入。

由于"来自国外的净要素收入"可能为正，也可能为负，所以，同一国家同一年度的 GNP 可能大于 GDP，也可能小于 GDP。

二、殊途同归——GDP 统计的三种途径

GDP 可以从生产、支出、收入三个方面来考察和统计，因而有三种统计方法或统计途径，常用的是支出法和收入法。

（一）生产法

生产法又称增值法。它是从生产的角度，按市场价格首先计算各部门提供的产品和服务中的增加值，然后再将各部门的增加值相加即为统计期内的 GDP。之所以不直接计算最终产品的产值，是因为中间产品和最终产品有时很难进行区别，同一产品用于生产过程是中间产品，用于消费便属于最终产品。并且最终产品的种类无数，难以逐种逐件地去计算、统计。运用生产法统计既能较有效地避免重复计算，又能相对地降低统计难度。

对于第一产业和第二产业的各部门来说，该部门提供的产品中的增加值＝产品总产值－中间产品的产值。对于第三产业来说，商业、运输业、金融业等营利性部门，按纯收入计算增加值；政府、教育、卫生等非营利性部门，按员工的工薪收入计算增加值。这是有其一定的理论依据的，因为从经济学原理来看，在一定的假定条件下，每个人的工薪收入或工资收入①均等于其创造的产值或作出的贡献②，如果前者长期高于后者，则部门会停止雇用；如果前者长期低于后者，则员工会另谋高就。

（二）支出法

一个国家在一定时期内生产的全部最终产品和服务会被各经济主体所购

① 经济学上的工资，指的是员工在特定时期从其就业单位得到的全部劳务收入，包括了所谓的"奖金"等。

② 譬如，某人一个月生产的产品的销售值是 10 000 元，但这并不是他一个人的贡献，因为资本（包括固定资产、原材料和货币资金）、土地、企业家的管理等都在整个生产经营体系中作出了各自的贡献。如果收入的分配是合理的，该员工得到的工资收入是 6 000 元。那么理论上可以认为，他创造的产值或者作出的贡献就是 6 000 元。

买，因此，将各经济主体在该时期的购买额或支出额加总，便可得到全部最终产品和服务的总产值即 GDP。这便是支出法的基本原理。现实经济社会中，对产品和服务的购买途径，除了居民消费，还有企业投资、政府购买和出口。因此，用支出法统计 GDP，就是将该国在某一时期内的消费、投资、政府购买和净出口四方面的支出额加总。

1. 消费(C)

消费指一定时期内消费者用于购买消费品方面的支出。包括购买耐用品的支出，如电视机、空调等；购买非耐用品的支出，如食品、汽油、鞋帽等；购买服务的支出，如理发、医疗、咨询等。一般地，购买住宅的支出不包括在消费支出内，而是包括在下面的投资支出中。

2. 投资(I)

投资是指为了形成、维持和扩充生产经营能力而对资本品的购买及其组合行为。这里所说的资本品是与消费品相对应的，指的是投入生产经营过程中的各种产品，如机器设备、钢材、水泥、原材料等。投资之所以归于支出，是因为投资意味着对已生产出来的产品的购买，如 10 亿元的投资就意味着购买总计 10 亿元的机器设备、钢材、水泥等。

投资包括固定资产投资和存货投资两大类。固定资产投资指厂房、机器设备、住宅等的建造或购买。为什么对住宅的购买归入投资而不是居民消费呢？因为住宅像别的固定资产一样是长期使用的，习惯上被认为是投资。

存货也就是企业的库存品，包括购进的库存原材料和已生产出来但还未销售出去的成品、半成品等。**存货投资就是指统计期内存货价值的变动额**，即：本期存货投资＝本期期末存货的货币值－上期期末存货的货币值。存货投资可能是正值，也可能是负值。

上期已计入 GDP 的存货投资，在本期很可能发生变动，这会否影响本期 GDP 的正确计算呢？我们来看一个例子，假设某空调厂去年年底还有 100 台空调未售出，由于它们已经生产出来，便作为存货投资计入去年的 GDP。如果今年空调厂卖出了这 100 台中的 30 台，那么今年的消费支出中多了 30 台空调的货币额，但少了 30 台空调的存货投资额，这样，在不考虑新的生产经营成果时，GDP 没有任何增加，今年的 GDP 为 0。可见，存货投资的变动不会影响 GDP 的正确计算。

存货投资中包括了企业购进的原材料，但原材料属于中间产品，为何计入 GDP 呢？这是因为在存货中，既有最终产品，也有中间产品，难以对它们一一区分，出于方便，先暂时全部计入(原材料这时还未投入其他产品的生产过程，暂时也还具有“最终产品”的特性)。但最终不会影响 GDP 的正确计算。例如，某企业上期购入8万元的原材料，暂时计入了GDP。企业在本期利用它生产了10万元的产品，则计入GDP的只有10万元，本期的存货投资则随着原材料的消耗而减少了8万元，并未发生10万元+8万元=18万元的重复计算。

至于钢材、水泥等建造的厂房和机器设备等资本品与中间产品是有重大区别的，它们在生产别的产品过程中只是逐渐地被消耗，并非一次性地被消耗。厂房、设备等资本品的增加意味着社会生产能力和财富的增加，被视为最终产品计入GDP。

在经济学上，除非特别说明，投资一般都是指私人投资，它是与后面要讲到的政府投资相对应的。所谓私人投资指的是非政府部门的投资，包括个人和非政府企业的投资。

3. 政府购买(G)

这是指各级政府对商品和服务(劳务)的购买支出，如政府花钱购买钢材、水泥等建公路、建水利设施；政府国防系统向军工企业购买导弹；政府购买公务员的劳务等。

读者在这里还可能存在的疑问是：政府购买的公务员及其他雇用人员的劳务(体现为政府的工资支出)为何计入GDP？这些人得到的工资收入会计入GDP，这些人将工资收入用于消费支出时又会计入GDP，不是重复计算吗？不是。譬如，政府雇用的交通警察为社会提供了交通管理服务，按照GDP的定义，这些劳务的市场价值是要计入GDP的。但这种劳务的市场价值很难衡量，所以只能用政府提供这些劳务的成本开支(工资支出)来衡量。可见，在政府购买项目中计算的交通警察的工资是政府提供的交通管理服务这种公共产品的市值的一部分(其他还有信号灯、警服等开支)，而交警用其工资收入去购买别的消费品(如彩电)，那是生产出来的一台彩电的市值。因而，它们之间没有重复计算的问题。

在运用生产法的GDP统计中，政府公务员和其他雇用人员的工资收入也计入进去了。

当然，按成本计算政府提供的公共产品和社会服务是有缺陷的，一个人浮于事的政府机构提供的社会服务与一个精干的政府机构提供的社会服务也许是一样的，但计算出来的“产值”却不一样。不过，人浮于事的政府机构最终会损害经济增长的活力，损害GDP的持续性增长。即是说，当前“多计”，会以将来被迫“少计”来平衡。

要特别提到的是，政府的转移支付不能计入GDP。**转移支付是指政府以失业救济、抚恤金、各种困难补助及国债利息等形式对个人(有时也对企业或灾区等)的一种支出。**它之所以不能计入GDP，是因为政府并不是通过它来购买人们的劳务或商品以用于产品的生产或社会服务的提供。另外，如果将政府的转移支付计入GDP，还会产生重复计算。因为政府的转移支付发放给民众后，会转化和体现为民众的消费甚至投资，而消费和投资都是要计入GDP的。

在经济学上，政府购买与政府转移支付是有区别的，这种区别上文已经阐述。通常将政府购买与转移支付合称为政府支出。政府购买包括了政府投资，因为政府投资当然体现为政府的一种购买行为，但并非所有的政府购买都可称为政府投资，如政府对公务员劳务的购买、对政府机构办公用品的购买等。

4. 净出口(NX)

净出口指出口与进口的差额，或者说等于出口额减去进口额。对于出口产品和劳务的购买，虽然是由外国人支付，但这些产品和劳务却是由本国生产和提供的，理应计入本国的GDP。那么，为什么计入GDP的只能是净出口而不是单纯的出口呢？

这是因为，进口的产品和劳务是由外国生产和提供的，不能计入本国的GDP。而在计入GDP中的消费、投资和政府购买中，都包含了一部分对进口品的支付，所以要将进口额减去，即只计算净出口。如假设暂不考虑某国某年的投资和政府购买，但消费的100万美元中，只有70万用于购买本国产品，另外30万用于购买进口品，该国的出口为50万美元。则该国的GDP应为：70万＋50万＝120万美元，或：100万＋(50万－30万)＝120万美元。如果不将进口扣去，就会将别国生产的GDP算作本国生产的GDP。当然，净出口可能为正值，也可能为负值。

将上述四个项目加总，用支出法计算的GDP可写成[①]：

$$\mathrm{GDP}=C+I+G+\mathrm{NX}$$

还要作说明的是，除了政府转移支付不能计入GDP外，中间交易和金融交易中的支出额也是不能计入GDP的。中间交易是指那些已经使用过的商品或所谓二手货的转让。例如，张三向李四购买一辆已用过半年的旧车的支出额不能计入GDP，因为半年前李四购买它时的支出额已经计入了GDP，而且它的转让并不意味着社会财富有所增加。当然，如果在这种二手货的转让过程中，发生了牵线搭桥促成交易的经纪人的费用，则经纪人收入可计入GDP，因为它是经纪人在促成交易过程中提供的劳务的报酬。这就如同购买理发师的劳务所进行的消费的支出额要计入GDP中一样。

---

① 也有的统计口径将用支出法计算的GDP视作消费、投资和净出口三项的相加。但这里的消费不仅包括居民消费，还包括政府消费；这里的投资不仅包括企业(民间)投资，还包括政府投资。可见，这种统计的结果与GDP＝C＋I＋G＋NX最终是一致的。

股票、债券等金融产品的买卖，仅意味着金融产品所有权的转移，也不意味着 GDP 的新的增加。至于企业通过股票、债券等筹集的资本，已经或将会在其固定资产投资、存货投资上体现和计入。

(三) 收入法

一个国家在一定时期内的新增总产值即 GDP 是由劳动、资本等各种生产要素和政府这一服务性要素①共同创造出来的，因此，它会分解为各种要素收入。于是，将这些要素收入(如工资、利息、利润等)全部加总并进行必要的技术调整，便可得到对应的 GDP。

需稍加说明的是，企业债券利息收入计入 GDP，而国债(公债)利息收入不计入。为什么呢？因为人们购买企业债券相当于将钱借给企业用于生产经营，因而企业债券的利息属于资本要素提供生产性服务得到的报酬。企业对其债券的利息支付来自企业的生产性收入，或者说，是这种生产性收入的一部分。因而，企业债券的利息收入应计入 GDP。而购买国债的资金不一定被政府用于生产经营活动，另一方面，政府对国债的利息支付来自政府的税收，或者说是用一部分税收收入来支付国债利息，税收则已被计入 GDP，再计算就将变成重复计算了。习惯上一般将国债利息看作为转移支付。

从理论上说，用生产法、支出法和收入法这三种方法统计出来的同一国家同一年度的 GDP 应是相等的，是殊途同归的。但由于统计过程的繁杂，难免会存在误差。

从上面的统计方法可以看出，一个国家一年的 GDP 来自对一年的总产出、总支出、总收入的计算，也就是存在 GDP＝总产出＝总支出＝总收入(国民收入)。所以，在不少场合，GDP 与国民收入、总产出是在同一意义上使用的。

专栏 6-1 游乐场的建设与拆除

有家企业在离省城 30 多公里的村庄边投资建了一个规模较大的游乐场。由于地理位置的原因，加上游乐场的设备和设计也较为一般，来游玩的人很少。游乐场连续几年亏损。游乐场的设备也损毁严重。后来企业为了转售这片土地使用权，干脆将那些有碍观瞻的破铜烂铁式的游乐设备全部拆除了。

无论是当初游乐场的投资建设，还是后来游乐设备的拆除，都会贡献出一定

① 市场经济体系中，符合市场规则的政府服务被认为是一种经济服务性要素。

的 GDP。因为当初购买那片土地的使用权、购买游乐设备、雇用技术人员和员工安装游乐设备，以及后来雇用人员拆除那些游乐设备等的费用都是要计入 GDP 的。

思考与讨论：

从中可发现 GDP 指标的什么问题？

三、神奇的转换技术——名义 GDP 与实际 GDP

由于价格的变化，GDP 有名义 GDP 与实际 GDP 之分。**名义 GDP 指的是按照当年的市场价格计算出来的 GDP，实际 GDP 则指的是以先前某一年的价格作为不变价格计算出来的 GDP。**

为了便于理解这两个概念，我们假设某国只生产衬衫、大米两种产品，2015 年它们的单位价格分别为 8 美元和 3 美元，产量分别为 100 单位和 70 单位，则该年的名义 GDP 为：8×100＋3×70＝1 010 美元。再假设 2022 年它们的价格分别涨至 15 美元和 9 美元，产量均不变，则 2022 年的名义 GDP 为：15×100＋9×70＝2 130 美元。但如果以 2015 年的价格作为不变价格（也称可比价格）来计算，则 2022 年的实际 GDP 仍为 1 010 美元。

统计学上，一般将价格的基准年称为基期年或基期，如上例中的 2015 年便属于基期。

由于实际 GDP 剔除了价格变动的影响，从而比名义 GDP 更能真实地反映经济增长和社会财富增长状况。如上例中，2022 年的名义 GDP 比 2015 年增长了 110.89%，但实际 GDP 却没有丝毫的变化。

如何将某国某年统计出来的名义 GDP 换算为实际 GDP 呢？这要借助于价格指数，因而下面先对价格指数进行分析。

（一）价格指数

价格指数是表示全社会物价水平的数量指标。著名的、常用的价格指数有消费者价格指数①（CPI）、商品零售价格指数（RPI）和 GDP 缩减指数②等。其他的价格指数还有工业生产者出厂价格指数、工业生产者购进价格指数、固定资产投资价格指数等③，这里不详述。

（1）消费者价格指数是综合反映各种消费品和生活服务价格的变动程度的

① 也译为消费品价格指数，或简称消费价格指数。

② 国内也常译为 GDP 平减指数。作者认为缩减一词更形象、直观，更符合英文原意。

③ 可以参考国家统计局官网等对这些价格指数的解释。

一种经济指数。先假设一个国家只有一种商品，该商品2005年的价格为每单位5元，2010年为每单位10元。如果以2005年作为基期年（习惯上一般将基期年的CPI定为100），则2010年的CPI为：

$$CPI_{2010年}=\frac{10元}{5元}\times100=200$$

这说明与2005年的价格水平相比，2010年的价格水平上升了一倍。式中之所以要乘以100，是因为要以基期年的价格指数（100）为基准，来反映其他各年份的价格水平的变动状况。如果2010年的商品价格仍为5元，则计算出来的2010年的CPI为100，说明与2005年相比，价格水平未变化。

以上是假定商品只有一种，但经济社会中的商品有无数种。当然，不可能计算一个经济社会中的所有商品的价格变动，一般仅计算反映总体价格面貌的n种代表性商品的价格变动。反映总体物价水平的计算公式为：

$$CPI_t=\left[w_1\cdot\left(\frac{P_{1t}}{P_{10}}\right)+w_2\cdot\left(\frac{P_{2t}}{P_{20}}\right)+\cdots+w_n\cdot\left(\frac{P_{nt}}{P_{n0}}\right)\right]\times100$$

式中：CPI_t为t年的消费者价格指数；P_{1t}、P_{2t}、…、P_{nt}为第1、2、…、n种商品分别在t年的价格；P_{10}、P_{20}、…、P_{n0}为第1、2、…、n种商品分别在基期年（以0表示）的价格；w_1、w_2、…、w_n分别为第1、2、…、n种商品的权值，各权值之和等于1。

各商品的权值通过某一年或基期的调查得出，等于在n种商品的消费组合中所占的消费份额。如假设社会民众消费的商品为大米、衣服、电三种，基期的消费总支出额中，大米占30%，衣服占50%，用电费占20%，则它们的权值分别为0.3、0.5、0.2。

美国是通过从21 000多种商品中挑选出来的364种代表性商品和服务的价格变动来计算CPI的。为了反映居民消费结构的变化，一般每隔一定年份就会适当调整CPI计算的基期和代表性商品的构成及权重。

(2) GDP缩减指数的计算与CPI的计算的基本原理类似，不同的是GDP缩减指数涵盖的样本商品范围更广，不仅包括了消费品，还包括投资品、政府购买品等。因此可以说，GDP缩减指数是一种反映经济社会各类型商品总体价格水平的价格指数。

（二）名义GDP与实际GDP的换算

计算出了GDP缩减指数后，就可以进行名义GDP与实际GDP之间的换算。换算公式如下：

$$实际GDP=\frac{名义GDP}{GDP缩减指数}\times100$$

式中之所以要乘以 100，是因为基期年的 GDP 缩减指数一般定为 100，而基期年的名义 GDP 应该也就是实际 GDP，乘以 100 后，才使两者相符。

例如，假设某国 2015 年的名义 GDP 为 1 560 亿美元，统计出的 2022 年的名义 GDP 为 6 860 亿美元，如果以 2015 年作为基期，则该年的 GDP 缩减指数为 100。再假设根据上述原理计算出的 2022 年的 GDP 缩减指数为 235，则 2022 年的实际 GDP 便为 2 919 亿美元。名义 GDP 与实际 GDP 的换算例表，如表 6-2 所示。

表 6-2　名义 GDP 与实际 GDP 的换算例表

年份	名义 GDP/亿美元	GDP 缩减指数	实际 GDP/亿美元
2015	1 560	100	$\frac{1\,560}{100}\times 100=1\,560$
2022	6 860	235	$\frac{6\,860}{235}\times 100=2\,919$

经济增长率一般采用剔除了价格变动影响后的可比价格计算[①]，即采用实际 GDP 进行计算，其计算公式为：

$$\text{某年的经济增长率}=\frac{\text{该年的实际 GDP}-\text{上年的实际 GDP}}{\text{上年的实际 GDP}}\times 100\%$$

四、美中不足——GDP 的局限性

首先需要肯定的是，GDP 能在相当程度上衡量一个国家的宏观经济活动水平，显示一国国民的福利享受状况。但同时也应清醒地看到，这一指标并非完美无瑕，而是存在一定的局限性。它的局限性主要表现在：

（一）没有充分地反映所有的经济活动

由于 GDP 是基于合法、公开的市场交易统计的，那些对国民收入有重大影响的非法、非公开市场交易就无法得到反映。如走私、贩毒等。南美洲的一些国家，贩毒交易额非常高，因此，官方公布的 GDP 或人均 GDP 并不能真实地反映货币收入状况。当然，这绝不是说贩毒等非法交易有存在的理由。

几乎所有国家都不同程度地存在地下经济。地下经济是指为了逃避法律管制和行政管制而从事的非公开经济活动。走私、贩毒属于地下经济，除此之外，还有旨在逃税、漏税的生产经营活动等。这些生产经营活动也无法进入政府的统计范围，无法计入 GDP。

① 例如，我国国家统计局官网每年公布的国民经济和社会发展统计公报中，每年的 GDP 虽采用当年价格计算，但经济增长率都是采用剔除了价格变动因素后的可比价格来计算的。

一些自给性的生产与服务、物物交换等经济活动也无法得到反映，而这些内容又确实影响着社会福利状况。如家庭主妇的家务劳动是无法计入 GDP 的。假设家庭主妇现在不从事家务劳动，就要雇用保姆，即购买保姆的劳务，支付给保姆的劳务费是要计入 GDP 的。这也就是说，家庭主妇原来每个月的家务劳动创造的 GDP 相当于现在每个月支付给保姆的劳务费。

年轻白领弗兰克由于工作忙，便雇用了一位叫玛丽娜的保姆，每个月付给她 800 美元劳务费。后来，两个人产生了爱情并结为夫妻。玛丽娜在家当起了全职太太，但弗兰克不再付给作为妻子的玛丽娜劳务费了。他们两人对于 GDP 的贡献似乎减少了。但果真减少了吗?

(二) 不能真实地反映国民的福利享受状况

国民的福利享受水平不仅取决于经济总量，还取决于收入分配结构。同样的 GDP，但由于分配结构不同，国民的福利享受状况会产生很大的差异，而这一点在抽象的 GDP 数据中是难以反映出来的。

国民的福利状况不仅基于物质享受，还基于精神享受，如工作中的愉快程度、人际关系、闲暇时间等。这些也难以在 GDP 数据中反映出来。假设两个国家的 GDP 甚至人均 GDP 都相同，但其中一国国民的闲暇、休假时间非常充分，另一国则很少，国民的福利状况显然是有差异的。

还有，破坏和浪费资源的重复建设等虽会在一定时期内推动 GDP 的增长，但人们的福利享受水平却往往没有相应地提高，甚至会带来负效用。如有的地方建了又推，推了又建；或者挖了又填，填了又挖。

(三) 没有充分地反映产品结构与质量

传统产业部门的产品、面临淘汰的产品、低级产品等与新兴产业部门的产品、现代化产品、高端产品的产值反映到 GDP 的数据上都是一样的，但它们分别构成的国家实力和国民福利享受情况肯定是不一样的。根据 GDP 的统计原理，生产出来的一些质量低下的产品，甚至难以售卖出去的产品(存货)也会计入 GDP。这些产品也许不仅不能带来消费效用，还是对经济资源的一种浪费。

(四) 没有充分地反映社会成本

GDP 的增长往往会损害生态环境，生态环境的被损害当然是一种社会代价、社会成本。譬如自然资源被大量破坏、环境被严重污染，等等。这些社会成本在 GDP 的核算中还无法得到有效的反映。

专栏 6-2 绿色 GDP

人类的经济活动包括两方面的活动。一方面在为社会创造着财富，即所谓“正面效应”，但另一方面又在以种种形式和手段对社会生产力的发展起着阻碍作用，即所谓“负面效应”。这种负面效应集中表现在两个方面，其一是无休止地向生态环境索取资源，使生态资源从绝对量上逐年减少；其二是人类通过各种生产活动向生态环境排泄废弃物或砍伐资源使生态环境从质量上日益恶化。现行的国民经济核算制度只反映了经济活动的正面效应，而没有反映负面效应，因此是不完整的，是有局限性的。

改革现行的国民经济核算体系，对环境资源进行核算，从现行 GDP 中扣除环境资源成本和对环境资源的保护服务费用，其计算结果可称为绿色 GDP。绿色 GDP 这个指标，实质上代表了国民经济增长的净正效应。绿色 GDP 占 GDP 的比重越高，表明国民经济增长的正面效应越高，负面效应越低，反之亦然。

（资料来源：国家统计局.绿色 GDP[EB/OL].(2002-05-23)[2022-11-17]. http://www.stats.gov.cn/zsk/snapshoot?reference=57866fce-4ac9-4c56-b979-9669946f21ac&index=project_stats&qt=*&siteCode=tjzsk.）

思考与讨论：

绿色 GDP 是否充分地反映了社会成本？

对 GDP 应取的科学态度是，既要重视 GDP，重视以 GDP 表示的经济增长率，重视经济的稳定、持续的增长并保持一定的增长率（如果没有一定的经济总量基础，经济实力的增强和福利水平的提高等就只能是空话），但也不要片面地、不顾实际地去追求 GDP 规模和经济增长率。

复习思考题

同步训练

1. 熟悉下列概念。

GDP　　　　GNP

最终产品	中间产品
总产值	增加值
政府购买	政府转移支付
名义 GDP	实际 GDP
价格指数	消费者价格指数
GDP 缩减指数	经济增长率

2. 阐释 GDP 的三种统计方法的基本理论原理。

3. 登录国家统计局网站(www.stats.gov.cn),阅读最近一个年份的国民经济和社会发展统计公报,了解该年的 GDP、经济增长率等数据。

4. 从 GDP 指标的局限性出发,分析树立科学的社会经济发展观的重要性。

5. 下列哪些项目计入 GDP? 哪些项目在计算 GNP 时要计入?

(1) A 公司公开发行 10 亿股股票,每股 10 元。

(2) 证券交易所对股票交易征收 1‰的印花税。

(3) 一位学生课余时间做家教,年收入为 3 500 元。

(4) 某人花费 2 000 元购买各种零配器件,自己装配了一台家用电脑。

(5) 某人暂时在国外进行劳务输出,所得收入为 2 万美元。

(6) 外国专家在本国的短期讲学收入 3 万元。

(7) 某人以 10 万元卖出一部旧车后,又以 18 万元买进一部新车。

第 7 章　宏观经济的总需求牵引

在前面的第 3 章曾谈到，市场经济社会中，有需求就会有供给，同时，供给也常常会创造需求。社会上有了对某种产品的需求，企业就会去生产。企业开动了生产，就会去购买机器设备、原材料等，就会去雇用员工或增加雇用员工。将产品卖出去了，企业才会有收入甚至利润。虽说供给常常会创造需求，但如果创造出来的需求不转化为足够的有效购买，那企业还是不能赚钱。宏观经济是千千万万企业和员工等的集合，如果大多数企业没有收入或者收入过少，宏观经济也会一片萧条。从某种意义上讲，生产是为了满足需求，需求牵引企业的生产与供给，从而也成为牵引宏观经济的动力。

一、总需求的三驾马车——消费、投资和净出口

宏观经济视角购买各种产品的需求叫总需求，因此也可以说，总需求是宏观经济的牵引器。可以想象一下，对企业生产的产品的购买或需求无非是来自这几个方面或途径：消费、投资和净出口。这里的消费包括了民间（居民）消费和政府消费，投资包括了民间（非政府企业）投资和政府投资。也就是说，作为政府购买的政府消费和政府投资被分解在上述的消费和投资中。所谓的总需求就是由消费、投资和净出口组成的。这三者一般被称为牵引宏观经济的三驾马车。至于为什么构成总需求的是净出口而不是单纯的出口，已经在上一章介绍 GDP 的支出法统计方法时解释过了，此处也同样适用。

（一）消费

消费的增加会牵引宏观经济迈向更高的水平，也就是会带来 GDP 的增加。为了直观地理解消费的增加如何会使得 GDP 增加，我们不妨这样来设想：消费的增加表现为消费者对空调、电脑、手机、服装、化妆品、旅游等的购买和消费的增加，则空调、服装等生产企业的产品销售会增加，生产的产品会增多，旅行社、航空公司及旅游景点的服务企业的营业收入会提高。产品生产的增加当然意味着 GDP 或国民收入的增加（譬如，消费增加前，企业只敢生产 100 台空调，受消费增加的刺激，企业现在生产了 150 台）。这些企业还会增加发放工资、奖金并

增加雇用工人,进一步扩大投资、生产经营规模以满足消费的增长。而且,人们收入水平的提高又会导致人们消费规模的进一步扩大,并带动生产水平的进一步提高。还有,消费增加带来的投资规模和生产规模的扩大,必然使得对钢材、水泥、机器设备、原材料等投资品的购买的增加,那些生产钢材、设备和各种原材料的企业的产品销售和收入又会增加,这又意味着 GDP 的增加。

稍后将要谈到的投资和净出口的增加对于宏观经济或 GDP 提高的牵引和拉动作用也与此类似。

虽然民众的消费受多种因素的影响,但经济学上一般假定消费水平主要取决于收入水平,消费是收入的函数。如果民众的收入水平提高了,他们的消费也会增加。在考察消费问题时,经济学上有两个指标:平均消费倾向与边际消费倾向。平均消费倾向指的是全部消费支出占全部收入的比例。边际消费倾向指的是消费增量占收入增量的比例。譬如,某个小区的全部居民某月的总收入是 100 万元,消费总金额是 35 万元,那么平均消费倾向就是 35%。接下来的一星期全小区居民的收入新增加了 30 万元,新增加了消费 15 万元,则边际消费倾向就是 50%。消费以外的收入,居民会拿去储蓄和进行股票投资等。

1. 边际消费倾向递减与平均消费倾向递减

英国著名经济学家凯恩斯认为经济社会存在边际消费倾向递减规律,也就是,**随着民众收入的增加,民众的消费虽然也增加,但增加的幅度却不断下降,即边际消费倾向递减。**如表 7-1 所示,虽然民众的消费绝对额随着收入的增加而增加,但边际消费倾向在不断递减。

表 7-1　边际消费倾向递减情况表

收入(Y)	收入增量(ΔY)	消费(C)	消费增量(ΔC)	边际消费向($\Delta C/\Delta Y$)
300		325		
400	100	400	75	0.75
500	100	460	60	0.60
600	100	510	50	0.50

凯恩斯认为,人们的边际消费倾向之所以会递减,是因为人们会将增加的收入中的越来越多的部分用于储蓄。这是由人的天性决定的。如果大家对自己或自己家庭的收入和消费的序列数据作一个记录并比较的话,有的时期可能的确存在边际消费倾向递减的事实。因为伴随着收入的增长,有些人在特定时期所要进行的消费是有限的。

边际消费倾向递减必然带来平均消费倾向递减。这是数学意义上的边际值(增量值)与平均值的关系问题。打个比喻,假设某个班级的同学的平均身高为

1.7 米，这时新来一位身高类似于姚明的同学，身高为 2 米（边际值），那么现在全班的平均身高必然增加，即超过原来的 1.7 米（平均值）；如果新来同学较矮，则必然带来全班的平均身高下降；而如果新来同学的身高恰好也为 1.7 米，即等于全班的平均身高，那么全班的平均身高仍然不变。

由于边际消费倾向递减和平均消费倾向递减，可以引申出的结论是：随着国民收入水平的提高，消费会愈显不足，生产出来的产品和劳务会愈来愈难以售卖出去。

上述对于消费与收入之间的关系的描述一般可以称为消费函数。这里的消费函数既可以指个人或家庭消费函数，也可以指社会消费函数。

2. 长期消费函数

美国著名经济学家库兹涅茨（1971 年获诺贝尔经济学奖）研究了更长历史时期美国的相关数据资料，得到的结论是，就长期而言，消费始终占收入的一个几乎固定的比例，平均消费倾向基本不变，且与边际消费倾向相等。也就是不存在边际消费倾向递减。所以，后来人们将以边际消费倾向递减为特征的消费函数称为短期消费函数，将以平均消费倾向不变为特征的消费函数称为长期消费函数。

3. 相对收入消费函数

美国哈佛大学教授杜森贝里提出，消费者的消费支出主要取决于相对收入水平。这里的相对收入一方面是指相对于其他人的收入，另一方面是指相对于自己过去的收入。其论点可归纳为：

（1）消费者的消费支出不仅受自身收入的影响，而且受别人消费的影响。其他人的消费带动自己的消费。即消费者模仿、攀比收入水平比自己高的其他人的消费，这也被称为消费的**示范效应**。

（2）消费者的消费支出不仅受当前收入的影响，而且受到自己过去收入和消费的影响，特别是受到过去“高峰期”收入水平的影响。假如消费者的收入水平下降了，他并不会相应地降低自己的消费支出，甚至会动用储蓄来维持一贯的消费水平。即消费具有惯性和不可逆性。这也被称为消费的**棘轮效应**[①]。而一旦收入提高，将会带动消费迅速增加。

杜森贝里理论的核心是消费者容易随收入的提高而增加消费，却不易随收入的降低而减少消费。消费不取决于消费者当前的绝对收入水平，而取决于相对意义上的收入水平。在此意义上，人们又将凯恩斯的消费函数理论称为绝对

① 棘轮是一种有齿之轮，装有一掣子，用以防止轮子滑回，轮子只能向一个方向运行。在这里用来说明消费水平只能提高，难以降低。

收入消费函数理论，因为凯恩斯认为，消费取决于消费者当前的绝对收入水平。

此外，还有生命周期消费函数理论、持久收入消费函数理论等，这里不作详细介绍。

由于人的行为的复杂性和社会经济现象的复杂性，经济学家从不同的角度，运用不同的研究方法，或者在不同的假定前提下去研究同一经济现象或经济事物，得到不同的或有差异性的结论，这是正常的。对上述的消费问题是这样，后面对不少其他问题也是如此。

一则小故事：有两位老人离世，他们均购置了住房。在天堂，其中一位说，我积蓄了一辈子钱，昨天总算买了一套房住了一夜便来到天堂；另一位说，别人买房，我为什么不买？我住了大半辈子的宽敞的房子，昨天总算还清了当初买房的贷款，今天就来到天堂。这两位老人的购房行为分别符合哪种消费函数理论的描述？

(二) 投资

经济学上一般假定投资(实业投资)为利率的函数，即投资随着利率水平的变动而变动。譬如，企业向银行贷款的利率提高了，企业的贷款成本也就是企业的投资成本就会提高，企业一般就会减少投资。反过来，利率降低了，企业投资一般会增加。

在现实经济社会中，投资还受到其他一些因素的影响，譬如房地产市场和证券市场的价格运行也会影响到投资(实业投资)。但实际上房地产市场和证券市场本身也是受利率水平影响的。从现实情况看，无论房地产市场和证券市场等怎么样，利率水平都会影响到投资(实业投资)。因为无论从哪个角度讲，利率水平的变动和利率水平的高低实实在在地会影响投资者的资金成本，对于所需资本较多的投资项目而言，利率水平哪怕变动0.01%，资金成本的总变动额也是非常大的。小企业的承受能力有限，对于利率水平的小幅度变动也是很敏感的。而且，利率的变动还会通过对原材料和设备供应商的资金成本的影响传递到几乎所有企业和投资者。

如果将许多国家的利率水平与投资金额分别绘成曲线，可以发现它们之间常常是具有高度相关性的，而且是反方向运行的。

(三) 净出口

影响净出口水平的因素有：本国产品的质量、种类；外国购买者的收入；国际贸易环境；汇率；等等。由于净出口等于出口减去进口，因而本国的进口规模也是影响净出口的一个重要因素。

这里要着重说明汇率对净出口的影响。先看下面的内容。

譬如：1 美元＝6.827 7 元人民币⇨1 美元＝6.725 2 元人民币。这意味着兑换相同数量的美元，现在需要的人民币比过去少了，也就是人民币比过去更值钱了，当然意味着人民币升值了。而对于美元来说，相同的美元现在只能兑换比过去少的人民币，美元更不值钱了，也就是美元贬值了。

如果汇率提高，意味着本国货币（本币）升值，会使得出口减少，进口增加，也就是净出口减少。如假设起初 100 美元＝10 000 日元，现在美元升值，汇率为 100 美元＝12 000 日元，那么意味着过去日本人用 10 000 日元购买的某美国产品，现在要用 12 000 日元才能购得，这相当于美国产品对日本而言是涨价了。于是，日本会减少购买美国产品，即美国对日本的出口会减少。另一方面，过去美国人用 100 美元购得的日本产品，现在由于美元升值，只需花费约 83.33 美元便可购得，这相当于日本产品对美国而言降价了。美国会增加购买，也就是美国的进口会增加。

反过来，汇率降低（本币贬值）会使出口增加，进口减少，也就是净出口增加。

净出口的规模大，意味着本国生产的产品被外国大量地购买，这当然会带动本国 GDP 的增加。

既然汇率降低（本币贬值）会促使净出口增加，那么是不是汇率越低越好呢？也不尽然。贬值虽能促进出口，但进口的原材料价格却会上涨，贬值还会加重外债负担，并损害本国货币的信誉，可能促使国际外汇市场上本币被大量地抛售，严重打击本国经济。大幅度贬值导致的货币信誉的严重受损也会使得资本大量外流。

汇率提高（本币升值）不利于出口，且可能会导致对外投资大量增加（因为本币在外国更值钱了，可以花不多的资金在外国投资很大的工厂），资本大量外流，最终损害本国经济。20 世纪 80 年代中期，日元大幅升值，使日本的海外投资迅速增长，其中很大一部分流向美国。不久以后，日本经济长达 10 余年的萧条被认为与当时的日元升值有很大关系。这是本币升值危害性的一个经典案例。

因此，防止本币的大幅升值或贬值，维持汇率的基本稳定和汇率水平的合理是各国政府汇率政策的基本目标。

专栏 7-1　灾害对总需求和总供给的影响

自然灾害和社会灾害（包括大规模疫情）对社会经济无疑会产生重要甚至重大的影响。有的经济学家就曾认为，在某些经济条件下，地震、洪水、战争等对社会经济有重要的刺激作用，因为它们会增加总需求。

1998 年中国长江流域、黑龙江流域等发生特大洪水灾害，这虽然对人民的生产、生活带来了严重的消极影响，造成了国家和企业、家庭的严重财产损失，但另一方面，却也刺激了内需，扩大了总需求。而中国当时正是总需求不振、市场疲软之时。因为洪水冲垮了堤坝，需要购买水泥、施工机械和雇用劳动力进行重建、重修；洪水毁坏了大量房屋，需要购买钢材、水泥等建材重建；抗洪抢险中，需要大量的物资投入，以至于一些企业原本满满的仓库不久便变得空空如也，这使新的投资、生产有了动力。

所以，洪灾在破坏经济的同时又刺激了经济，尽管这种刺激带有几分无奈和辛酸。

但也有经济学家严肃地指出，不能只看到自然灾害和社会灾害对总需求的刺激，它们同时也损害和减少了总供给。例如，损毁了厂房、设备，甚至减少了熟练劳动力。因此，它们对社会经济的影响是复杂的。而且，事先对自然灾害的防范本身同样也具有增加总需求的效应。

2020 年开始出现并持续多年的全球范围的新冠肺炎疫情严重地抑制了消费、投资和净出口，抑制了总需求，同时非常严重地减少了总供给。

思考与讨论：

1. 洪灾对总需求的刺激与正常市场条件下消费或投资的增加对总需求的扩张有何效果差别？

2. 美国经常发动海外战争带有扩大美国的总需求和刺激自己国内经济的动机和目的吗？

二、以小博大——乘数原理

上面讲到，消费、投资和净出口的增加会带来 GDP 的增加，牵引宏观经济，这里存在一个神奇的以小博大效应。

（一）投资乘数

举例来说，假设某企业集团新增投资 100 亿元用于服装厂的改造和扩建，这 100 亿元会被用来购买或租用所需用地、购置钢材和水泥等建新厂房、购买服装生产设备、支付从事改扩建工程的建筑公司的工程款、支付新雇用的服装生产人员的工资，等等。根据前述计算 GDP 的方法，这 100 亿元会全部计入 GDP 中，即计入该国的国民收入中。这仅是投资增加引起的第一轮反应。

国民收入的增加会引起消费支出的增加。上述 100 亿元的投资支出最终会转化为钢材厂、水泥厂、建筑公司、服装厂等单位的生产要素[①]所有者或投资者的收入(包括工资、利息、租金、利润等)。假设边际消费倾向为 80%,则所有相关的生产要素所有者或经济主体即消费者会将总计 100 亿元新增收入中的 80 亿元用于增加消费。这增加的 80 亿元的消费又使生产和提供这些消费品或服务的企业的收入增加了 80 亿元,也就是使整个国民收入增加了 80 亿元。这是投资增加引起的第二轮反应。

假设边际消费倾向不变,仍为 80%,新增加的 80 亿元收入中,又有 64 亿元用于消费支出,从而使国民收入再增加 64 亿元。这是投资增加引起的第三轮反应。这个过程继续下去还有第四轮反应,第五轮反应。由于边际消费倾向小于 1,随着这种反应过程的继续,国民收入的增量和消费的增量将一轮比一轮小(如 100 亿元→80 亿元→64 亿元→…),最终趋近于 0,所以国民收入的增量的总和收敛于一个常数。

上述的国民收入增加过程可表示为:

$$\begin{aligned}\Delta Y &= 100+100\times 80\%+100\times(80\%)^2+100\times(80\%)^3+\cdots\\ &=100+80+64+51.2+\cdots\\ &=500(\text{亿元})\end{aligned}$$

这一系列收入增加量相加是高等数学上求无穷等比级数之和的问题,根据无穷等比级数之和的公式,便有:

$$\Delta Y=\frac{100}{1-80\%}=500(\text{亿元})$$

如果以 ΔY、ΔI、K_I 分别代表新增加的国民收入量、新增加的投资量和投资乘数,则有:

$$K_I=\frac{\Delta Y}{\Delta I}$$

上例中的 $K_I=\frac{500}{100}=5$。即起初新增 100 亿元的投资,最终使国民收入增加了 5 倍。

如果以 b 代表边际消费倾向,通过数学推导[②],可以得到投资乘数的公式为:

$$K_I=\frac{\Delta Y}{\Delta I}=\frac{1}{1-b}$$

① 生产要素一般指劳动力、资本、土地等,生产经营需要依靠它们进行。它们对应的收入分别是工资、利息、租金等。

② 此处省略数学推导过程。

由于边际消费倾向 b 小于 1，投资乘数 K_I 总是大于 1。投资乘数与边际消费倾向正相关，即边际消费倾向越大，投资乘数也越大。

上面的分析表明，**投资乘数就是指投资的变化所引起的国民收入变化的倍数**，它表示投资的变化会引起国民收入多大程度的变化。乘数具有逆向性，即投资的减少也会引起国民收入的倍数减少（成倍地减少）。

投资及后面要讲到的其他经济变量的变化在正反两个方向对于国民收入变动的放大效应也常被称为乘数效应。

前面的投资乘数公式是一个简化的公式，没有考虑税收和进口因素①。如果考虑它们，投资的倍数放大效应即乘数效应仍是存在的。

专栏 7-2 秦皇岛旅游业的乘数效应

90 个自然景观与 200 个人文景观在这里交汇，山、海、关、城丰富的旅游资源成就了秦皇岛的这一独具特色的产业集群。

"一个旅游城市，不能仅仅看景点有多少，还要看是否能形成旅游产业集群，特别是看旅游产业对城市的拉动力。"市旅游局局长李文阁对旅游业的发展有着更深一层的思考。

秦皇岛市旅游局提供的一份资料显示，2004 年全市旅游总收入 60.55 亿元，同比增长 7.31%。全市 60 家星级饭店、400 多所休疗养院，旅游接待总床位 18 万张；92 家旅行社、1 000 多人的导游队伍、11 所设置旅游专业的中高等院校；旅游包机、高速公路、海上航线等便捷的交通运输，基本上形成了包括食、住、行、游、购、娱六大要素以及旅游教育较为齐全的配套的产业体系，直接和间接带动着 60 多个相关产业的投入和产出。

据世界旅游组织测算，旅游业每直接增加收入 1 元，相关行业就可增收 4.3 元；旅游业每直接增加 1 名就业人员，社会上就可新增 5 个就业机会。有关部门进行的旅游业对秦皇岛区域经济发展的贡献度研究显示：由旅游综合拉动产出的增加值总量对 GDP 的贡献达到了 8.1%；旅游业为全市直接、间接地提供了 10.2 万个就业岗位，全市的从业人口每 14 个人中就有 1 人直接或间接地服务于旅游。旅游对全社会就业的直接贡献率为 3%，对第三产业就业岗位的贡献率达到 11%；全市居民收入中有 9.8% 来自旅游业，即本地居民每 10 元的收入中就有近 1 元与旅游相关；旅游业对全市财政也作出了较大贡

① 考虑税收和进口因素的复杂的投资乘数公式这里从略。

献，五分之一的财政收入直接或间接地来源于此。“一业兴，百业旺”的乘数效应在此显现。

上述的具体数据虽然显得陈旧，但它们对于旅游业乘数效应的揭示却是历久弥新的。

（资料来源：佚名[EB/OL]. http://www.qhd.heagri.gov.cn/qinhd/inc/detail.jsp?id=33788.）

思考与讨论：

秦皇岛旅游业是如何发挥乘数效应的？

（二）政府购买乘数

假如政府部门向某公司购买100万元的电脑用作办公设备，该公司便增加了100万元的销售收入，在一定的边际消费倾向下，该公司的收入增加的员工和有关的其他经济主体又会增加消费或购买，从而带来收入和消费的连锁增加，最终使得国民收入发生倍数的增加。**政府购买乘数就是表示政府购买的变动对于国民收入变动的倍增或倍减作用。**从刚才的分析可见，政府购买变动与投资变动对国民收入变动的放大作用是一样的。所以，政府购买乘数的公式与投资乘数的公式也是一样的。投资乘数和政府购买乘数有时也被统称为支出乘数。

（三）对外贸易乘数

假如某国企业向国外的出口增加了300万元，该企业的投资者和生产要素所有者的收入便总共增加了300万元，他们在一定的边际消费倾向下，会增加对商品的消费或购买，相关生产商品的企业的销售收入增加，这还是会发生与上述相似的收入和消费的连锁增加，最终使得国民收入发生倍数的增加。**对外贸易乘数就是表示出口的变动对国民收入变动的倍增或倍减作用。**它的公式与投资乘数和政府购买乘数也是相同的。

对外贸易乘数清楚地表明了出口的增加在经济社会中的重要作用。它为许多国家总是力图扩大出口，以更好地带动国民收入的增加的做法提供了理论解释。当然，在进口既定的条件下，出口的增加也就是净出口的增加。

上述政府购买、出口等经济变量之值的变化，都可以在正反两个方向对国民收入的变化起加倍作用。

此外，还有税收乘数、政府转移支付乘数等，它们的公式与投资乘数等有所不同。这里不赘述。

复习思考题

同步训练

1. 熟悉下列概念。

边际消费倾向　　平均消费倾向

边际消费倾向递减规律　　短期消费函数

长期消费函数　　绝对收入消费函数

相对收入消费函数　　示范效应

棘轮效应　　乘数效应

投资乘数　　政府购买乘数

对外贸易乘数

2. 根据凯恩斯的消费函数理论，给高收入者或低收入者增加等额的收入，何种办法更有助于提高社会总需求？为什么？

3. 根据经济学原理，是否在任何情况下都应提倡节俭？

4. 两位学生在争论，一位说是消费变动引起收入变动，另一位说是收入变动引起消费变动。你对此有何评论？

5. 评论乘数原理。

第 8 章　增长旋律与周期波动

一般所说的**经济增长指的是宏观总产出的增加，通常以实际 GDP 或人均实际 GDP 的增长来衡量。**与它密切关联的另一个概念是经济发展，经济发展则不仅包括经济增长，还包括国民的生活质量，以及整个社会经济结构和制度结构的总体进步。经济发展是经济持续增长的结果，国民的生活水平和生活质量的提高、社会经济形态与结构的进步等很大程度上都依赖于经济增长。上一章的内容实际上也涉及宏观总产出的增加即经济增长，但主要还是从总需求牵引的角度描述宏观经济的一般层面的运行，没有特别阐述经济运行中的增长旋律，更没有分析经济运行的周期波动问题。

一、经济增长旋律中的神秘音符——索洛剩余

经济增长是大家所期盼的。到底有哪些因素在促进经济增长？这些因素的作用到底有多大？

早在 20 世纪五六十年代，许多学者在经济增长因素的定量分析方面就做了许多工作，值得提到的是美国经济学家肯德里克和丹尼森的研究成果。

肯德里克认为，产量是由全部生产要素的投入所决定的，如果只研究劳动投入量或资本投入量与产量之间的关系，那只是部分生产率。部分生产率不足以说明经济增长的源泉。为了完整地说明经济增长的源泉，必须考察全部的投入要素与产量之间的关系。产值的增长除了来源于要素投入量以外，还来源于这些要素投入量的生产效率。但肯德里克并未作细致的量化分析。

丹尼森对经济增长中每一因素的贡献大小作了量化分析。丹尼森将经济增长因素分为两大类：一类是生产要素投入量的变化，包括资本、劳动和土地投入。另一类是要素生产率的变化，体现为技术进步等，它们依附于全部的投入要素，因而要素生产率一般被称为全要素生产率。**全要素生产率（TFP）的一般含义为所有投入要素的运用效率。**在一般意义上它等于一定时期内总产值（GDP）与全部要素（资源）的投入量之比。**总产出增长率超出要素投入增长率的部分就是全要素生产率的增长率。**

全要素生产率增长率的一般计算原理为：GA＝GY－（aGL＋bGK）（其中：GA 代表全要素生产率的增长率；GY 代表经济增长率；GL 代表劳动投入的增长率；GK 代表资本投入的增长率；a 代表劳动投入占总投入的份额；b 代表资本投入占总投入的份额）。因为在计算总投入时，一般假定投入的要素为劳动和资本，土地既定不变。假设某年的经济增长率为 3.15％，劳动和资本投入的增长率分别为 1.2％和 3％，它们在投入中所占的份额分别为 0.75 和 0.25，则全要素生产率增长率为 1.5％。全要素生产率的增长率衡量的产出增长部分，或者说除劳动与资本投入带来的产出增长之外的产出部分就是**索洛剩余**。它因美国经济学家索洛的研究而得名。

全要素生产率的来源包括技术进步、分工①、组织管理创新、规模经济效应、知识和教育水平进步等。有时也将全要素生产率的增长率简单地视作技术进步率。

简单地举例来说，过去 20 个人花五个月时间才能建好一栋楼房，而现在 30 个人花相同的时间可以建好三栋相同的楼房。生产率如此大幅度提高可能是诸多因素共同作用的结果，譬如建筑技术的进步、建筑设备和建筑材料的改进、组织管理水平的提高、更加科学和合理的分工、规模经济、建筑人员知识水平的提高，等等。其中虽然可能有规模经济的原因，但显然规模经济并不能解释和概括生产率大幅提高的所有原因。

表 8-1 就是依据丹尼森的早期类似计算和计算方法得到的相关数据。

表 8-1　美国 1948—1997 年经济增长因素的作用

项　　目	每年的平均增长/％	所占比重/％
实际 GDP 增长	3.52	100
投入品的贡献	2.22	63
资本	0.66	19
劳动	1.56	44
全要素生产率（研发、教育、知识进步及其他资源）	1.30	37

（资料来源：萨缪尔森，诺德豪斯. 宏观经济学[M]. 17 版. 北京：人民邮电出版社，2004：188.）

① 许多经济学家强调了分工对于促进经济增长的重要性。无论是企业内部的分工还是社会范围的分工，都能够提高人们对于自己所从事的工作的专注度和熟练程度，进而提高工作效率；分工减少或避免了不同工作、工种之间的时间转换；分工还使得许多生产环节的工艺流程趋于规范和固定，从而有利于专门的工具和机器设备的发明及不断改进，有利于促进技术进步；分工的深化使得生产者之间的相互依赖性增强，从而使得他们相互之间的市场交易规模不断扩大和经济活动规模不断扩大；等等。

表 8-1 显示，美国在 1948—1997 年实际 GDP 平均年增长 3.52%，其中 2.22%来自要素投入，1.30%来自全要素生产率。也就是说，美国经济增长的 1/3 以上归功于技术、教育和知识进步等因素。

在大多数情况下，有的国家经济增长的旋律之所以铿锵有力，就在于加入了这个神秘的音符——索洛剩余。

二、企业是边干边学的大课堂——内生经济增长的机制

20 世纪 50 年代末 60 年代初，经济学家舒尔茨和贝克尔等人提出了人力资本概念用以说明经济发展和经济增长。**人力资本的内涵很广泛，包括劳动力的数量、技术水平、知识技能、健康状况及其改善等。**人力资本是与物质资本相对应的。人力资本与其所有者是无法分离开的，而物质资本与其所有者是可以分离开来的。如张三拥有的房产可以由别人来居住，但一个人的高超的技术是不能离开他的身体而存在的。

一般说来，除了人口的自然出生和成长外，人力资本主要有三条形成途径：教育、卫生保健、移民入境。这里的教育不只是指学校教育。教育的作用表现在受教育者的知识及其接受能力和技术水平的提高，即劳动力素质的提高。卫生保健的作用表现在一方面降低人口死亡率，另一方面提高劳动者的身体素质，这无疑也是经济增长所需要的。移民入境是一国人力资本的补充来源，而不是基本来源。尤其是专业技术人员的流入会对流入国的经济增长产生较为重要的积极影响。

劳动者素质和技术水平的提高不仅可以提高既定资本设备条件下的劳动生产率，而且可以为采用更先进的资本设备和技术水平提供基础。所以，人力资本与技术进步是密切关联的。依附于劳动者身上的人力资本在这里自然作为经济增长的一种内生变量。

在人力资本理论的基础上，美国当代经济学家罗默在 20 世纪 80 年代又进一步提出了内生经济增长理论。这一理论也来源于美国经济学家阿罗 1962 年提出的**边干边学**理论。

阿罗认为，人们在生产经营过程中会积累生产经验，生产经营的过程同时也是学习更好地生产经营的过程，即边干边学。譬如，打字员刚开始打字时，打字速度很慢，但在打字过程中对打字技巧的掌握越来越好，速度越来越快。有的人一开始不太会做生意，但在做生意的过程中越来越会做生意。

罗默进一步作了修正与发展。他认为，生产和投资过程本身促进了人力资本的积累，使人们对技术的掌握和运用越来越熟练，从而提高了生产率，促进了经济增长。另一方面，在生产过程中，每家企业都会从别的企业那里获得新的知

识和经验，从而增进各自的知识和技术，促进经济增长。

生产和投资促进知识积累和技术进步，知识积累和技术进步又促进经济增长，经济增长反过来又刺激投资增加，这构成一个相互推动的内在良性循环，从而得出一国经济具有长期增长的可能的结论。也就是说，经济增长过程本身会孕育经济进一步增长的动力。

由于生产过程中生产经验的积累，并且这种生产经验的积累可以提高生产效率，因此，许多工业化国家的生产函数可能是收益递增的。这就解释了工业化国家和发达国家为什么经济能够持续增长的原因。譬如，我们发现许多产品的技术进步和更新换代的速度越来越快；经常看到最近几年某种收入的增长是过去十几年该收入增长的总和的报道；等等。这些都是收益递增的体现。

后来，罗默等人又讨论了研究与开发（R&D）对经济增长的作用。R&D是一种主动性的技术创新，而非被动性的生产经验的积累。R&D产生的知识和技术进步虽然在一段时期内具有垄断性、排他性特点，但知识本身又具有共享性、扩散性和非排他性特点。主动性的技术进步及其扩散对经济增长有着巨大的推动和促进作用。

罗默等人提出的这一经济增长理论在许多经济学文献中也常被称为**内生经济增长理论**或**新经济增长理论**。

专栏 8-1 民工进城与城镇化的经济增长效应

随着我国农业生产率的提高及由此带来的农业剩余劳动力的增加，以及城市工业和服务业的发展，每年有大量的民工涌向城市尤其是经济发达地区的大城市打工。这些外出民工不仅为城市经济部门提供了大量的相对低廉的劳动供给，填补了大城市不少劳动岗位的空缺，支持了城市经济乃至于整个国民经济的发展，而且自己赚取了多于家乡的收入。这些收入也一定程度上改善了民工的家乡亲属的生活。

更为重要的是，外出打工的经历开阔了民工的视野，重塑了他们的经济观念、生活观念，“边干边学”使得他们中的许多人往往掌握了至少一种生产技术或者经营技巧，有的人甚至具有了现代金融意识和实业投资知识。还有的人甚至在城里自己创业，做起了老板。外出民工春节期间和其他时间的返乡探亲又往往起到了将城市文化向农村传播、将经济发达地区的文化向经济相对落后地区传播的作用，因为他们在探亲期间会向家乡的乡亲介绍城里的各种见闻、工作中的各种体会，等等。他们的消费方式、生活观念、思维逻辑等也会潜移默化地影响家乡和家乡的乡亲们。所以，民工进城打工某种程度上相当于社会范围的知识教育、素质教育和生产经营培训。

一些外出民工后来会在大、中城市安顿和沉淀下来，转变为城市居民。还有一些本来从农村出去的打工者后来回到家乡的县城和其他城镇居住和生活，他们利用外出打工期间赚取的收入和积累的生产经营知识、技术回乡创业，带动经济相对落后的家乡城镇和农村地区的经济发展。许多县城和其他中小城镇的新居民往往是过去的农村里的农民，这些县城和中小城镇的商品房也有相当一部分是由回乡创业和外出打工的民工所购买。伴随着城镇规模扩大而发生的人口的集聚，既增加了城镇生活的各种需求，也增加了城镇的各种工业和服务业的供给，扩大了市场规模，繁荣了经济。与此同时，大中城市的人口也在继续集聚，城市规模和城市的经济容量也在继续不断地扩大。上述过程正是城镇化的部分表现。

思考与讨论：

请分析民工进城与城镇化所产生的经济增长效应。

三、制度创新——激越澎湃的增长交响曲

过去长时期内，经济学家在分析经济增长和其他经济问题时，都是将制度作为一个外在的因素，或假定制度既定不变。以科斯、诺思、德姆塞茨等人为代表的新制度经济学则将制度看作为经济分析中的一个内部因素即内生变量，这样，制度和制度创新也就作为经济增长中的一个内生变量。

简言之，制度是行为规则，包括法规、规定、道德观念、风俗习惯等。制度因素很广泛，产权、经济组织、民主自由、家庭财产的安全保障等都属于制度范畴。而**制度创新**就是对原有制度的更新或替代。

新制度经济学研究了制度与经济增长、经济发展之间的关系，其基本结论是，制度对于经济增长的推动甚至比技术更为重要。他们从这一基本观点出发建立了新经济史学，对历史上的一些重大经济事件提出了全新的看法。

诺思曾对 1600—1850 年海洋运输生产率变化的原因作了深入研究。这期间海洋运输生产率显著提高，传统的解释归结于技术进步。但实际上这一时期并未发生重大的技术进步，用轮船代替帆船运输只是发生于 19 世纪后半期。

诺思的研究表明，生产率提高的原因在于制度。制度因素在这里体现为“海

上运输安全因素”和“市场经济因素”。一方面由于海盗受到了打击，海上运输变得更为安全了，如此一来，保险费用就减少了，而且，商船上配备的武装护航人员也比过去减少了，从而每个船员所担负的实际吨位提高了。另外，船上武器装备的减少还有助于提高船速，从而减少运输成本。另一方面，由于这段时期内，市场经济的显著扩大，需要运输的货物数量增加了，船舶可以减少空返和在港口停泊的时间。并且由于在港口可以很容易地雇佣到搬运装卸的劳动力，所以船上只需保留必要的船员人数，不必附载装卸人员。这也提高了海上运输的效率，降低了运输成本。

新制度经济学还分析了，英国历史上的圈地运动实质上是现代农业制度的前奏，并非单纯是一场羊吃人的大悲剧。圈地运动使得土地的私有产权确定下来了。产业革命不是经济增长的原因，而只是经济增长的一种表现形式。产业革命也不是技术进步所导致的。经济增长和产业革命的源头与动力在于新型产权结构（制度因素）的缓慢确立。

专栏 8-2

制度的力量

18 世纪末期，英国政府宣布澳大利亚为它的领地。但澳大利亚的土著居民很少，怎样开发这块辽阔、富饶的大陆呢？当时的英国人以向美国移民为时尚，不愿移民去荒凉的澳大利亚。于是，英国政府想出了一个办法，把英国监狱的犯人发配到澳大利亚去。

一些私人船主承包了将犯人运输到澳大利亚的工作。起初，英国政府根据装上船的人数支付船主报酬。这样的运输进行了三年后，英国政府发现三年间犯人在船上的死亡率达 12%，其中最严重的一次，一艘船上的 424 个犯人死了 158 个，死亡率高达 37%。英国政府遭受了巨大的经济损失和人力资源损失，英国民众对此也极为不满。

当时运送犯人的船只大多是一些很破旧的货船改装的，船上的设施非常简陋，通风条件不好，医疗设施和药品几乎没有，更没有医生。犯人一旦生病，在漫长的运输路途中就容易死亡。另一方面，船主为了多赚取收益，又尽可能地多装人。为了降低运输成本，又尽可能地将犯人的生活标准降低。

为此，英国政府后来在每一艘船上都派一名政府官员监督，再派一名医生随船治疗，同时还规定了犯人在船上的生活标准。然而，犯人的死亡率不仅没有降下来，一些船上的监督官员和医生也莫名其妙地死去。

后来，英国政府通过调查得知，一些船主行贿监督官员，让他们不要过问。

如果官员不从而行使监督职责，船主就让人将这样的官员扔到海里。这样的办法不仅丝毫没有解决问题，反而让英国政府花更多的钱财，还要赔上一些官员的性命。

后来一些绅士给政府提建议，把船主都召集起来进行教育和培训。告诉船主要珍惜犯人的生命，不能只顾赚钱。要想到他们运输的这些犯人是要去开发澳大利亚这块英国的领地，是在为英国的长远利益作贡献。但这些教育似乎也毫无效果，犯人的死亡率仍然居高不下。

在这种情况下，一位英国议员想到了制度问题，提出了运输计酬制度完善和创新的建议。政府给船主的报酬不是以上船时的犯人人数来计算，而是以到澳大利亚上岸的犯人人数来计算。政府采纳了该议员的聪明建议，问题也很快就迎刃而解。船主为了得到更多的报酬，就必须尽可能多地将犯人安全运送到澳大利亚。因此，船主主动请医生随船，并准备药品和将犯人的生活标准维持在一个合适水平。

自从实施这一运输计酬制度以后，船上的死亡率降到了1%以下，有些运载几百人的船只经过几个月的航行竟无一人死亡。犯人还是犯人，船主还是那些船主，航线和航距也没有改变，但一个运输计酬制度的创新却轻易解决了曾经十分棘手的难题。这便是制度的力量。

（资料来源：鲁先圣.制度的力量[N].新民晚报，2003-07-25.）

思考与讨论：

请分析材料中运输计酬制度的影响。

根据新制度经济学，制度创新可以促进经济增长，经济增长可以通过制度创新来加以解释。譬如，金融制度的创新减少和转移了投资风险，从而刺激和增加了投资，促进了经济增长。商业制度的创新使商业从零售店发展为百货店，再发展为大型超市，直至电子商务的兴起，降低了商业成本，便利了消费者，于是商业规模不断扩大，促进了整个经济增长。

我国广大农村于 20 世纪 70 年代末 80 年代初实行的农村土地承包制度可被看作一种制度创新，它极大地调动了广大农民的生产积极性，促进了农业生产的发展和整个国民经济的增长。实际上，我国经济体制的改革开放就是一种典型的制度创新。

重大的制度创新会使得各种生产要素都脱胎换骨，焕发活力，往往会带来一段较长时期激越澎湃的经济增长，所以说，制度创新是激越澎湃的经济增长的交响曲。可以说，我国现在的经济增长仍然在一定程度上享受很多年以前的改革开放的制度红利。

专栏 8-3

中国股市的制度创新

以 1978 年年底中国共产党十一届三中全会为标志，中国开始了改革开放。改革开放初期，许多企业的资金需求得不到满足，向银行借不到贷款。一些企业开始用发行内部股票的形式向职工集资。随着时间的推移，越来越多的股票持有人有了转让股票的需求。这样，不规范的地下股票交易逐渐增多。顺应这种需求，1990 年 11 月 26 日，上海证券交易所正式成立，并于 12 月 19 日开业。1990 年 12 月 1 日，深圳证券交易所成立。中国股市由此进入了集中交易、规范化交易的崭新阶段，股市制度在中国正式确立。

股市的发展首先解决了许多企业的融资需求。譬如，有不少中小企业和民营企业的产品前景比较好，但银行不敢贷款给它们，因为一旦发放贷款，它们中有一部分企业因为生产经营问题无力按时还款（这是常有的现象），银行就面临很大的风险。银行的钱实际上是储户的存款，储户是可能随时来取款的。但有了股市后，需要资金的企业就可以在生产经营的业绩达到一定标准后，通过发行股票取得所需要的资金。而且这种资金是不需要归还的，只需要在适当时候分红。公司第一次发行股票叫 IPO。购买的股票必须要有高流动性，也就是股票持有人可以随时能够卖出去。否则，投资者也不敢买股票。因此，通过规范、公开形式 IPO 的公司就要在交易所挂牌上市，以方便所有的股市投资者买卖。有了这样方便的退出机制，人们就敢于购买公司第一次发行的股票了。

公司的股票一旦在交易所挂牌交易，公司就是上市公司了。上市公司如果还需要资金，可以在履行一定的申报手续后，通过配股、增发等形式再发行股票筹资。而且，公司上市后，因为有了资金保障，现在再向银行申请贷款就容易多了。

股市的发展也带动了天使投资、风险投资（VC）和私募股权投资（PE）等的发展。它们都是在公司上市前不同阶段的投资。简单来说，天使投资主要投资早期创业公司。VC 投资中期高速发展型创业公司。PE 介入即将上市或可能被兼并收购的较为成熟的企业。这些投资基金解决了企业在不同成长阶段对资金的需求。正是因为有后面的股市退出机制，它们才敢于在公司发展前期或初期进行投资。VC 和 PE 等的资金是专门用于这方面投资的，它们通过投资不同的项目和企业来分散、控制风险，追求与高风险相伴随的高收益。这与银行的资金性质是不同的。

现在中国的股市中，有一大批产业性质先进、经营业绩优秀的上市公司，它们就是从初期的中小企业和民营企业中成长、发展起来的。如果没有当初的股市的制度创新，这些企业的发展几乎是不可能的。中国的经济增长也不可能有现在的水平。中国的经济增长肯定会继续受益于不断发展的股市。

思考与讨论：

请分析我国股市制度创新的影响。

四、经济运行的潮涨潮落——周期性波动

（一）经济周期的阶段

经济运行不以人的意志为转移地呈现出周期性波动的特征。一般将一个完整的经济周期划分为四个阶段：繁荣、衰退、萧条和复苏，繁荣和萧条是其中的两个主要阶段，衰退和复苏是两个过渡性阶段。由繁荣转为萧条的阶段称为衰退，由萧条转为繁荣的阶段称为复苏。因而也有学者干脆简单地将经济周期划分为两个阶段：繁荣与萧条，或经济扩张与经济收缩。

图 8-1 是一个典型的经济周期示意图，横轴 t 代表时间，纵轴 Y 代表国民收入或经济活动水平。

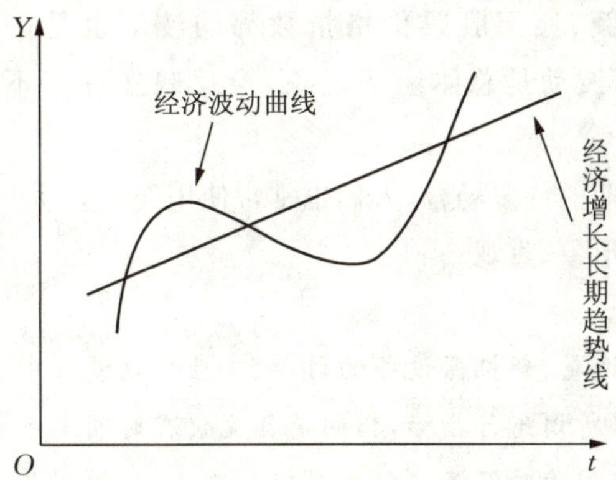

图 8-1　经济周期示意图

图 8-1 中的正斜率的直线是经济增长的长期趋势线。它表示，随着时间的推移及资本总量的增加和技术水平的提高，经济具有长期增长的趋势。

在繁荣阶段，经济活动处于高水平时期，这时的总需求一般较大，生产扩大，就业增加，价格水平较高。繁荣阶段尤其是该阶段的后期与通货膨胀时期经常是叠合的。繁荣阶段不可能一直维持下去，当消费增长放慢，引起投资减少，或

投资本身因资金供给等原因减少时，经济活动就会开始收缩，进入衰退阶段。一般认为，GDP 连续两个季度负增长就意味着衰退。

在衰退阶段初期，由于总需求减少，生产开始萎缩，失业增加，价格水平下降①。价格水平的下降使企业利润进一步减少甚至产生亏损，生产减少状况加剧。失业的增加和收入预期的恶化又会使消费需求螺旋式收缩。这样便会使经济跌落到萧条阶段。

萧条阶段的经济活动处于低水平时期，生产规模、价格水平和就业率都较低。但这种状况也不会一直持续下去，随着时间的推移，消费使得企业存货不断减少，企业逐渐地启动和扩大生产，生产设备的损耗也使得企业逐渐考虑增加固定资产投资。这样，经济会慢慢地进入复苏阶段。

在复苏阶段，总需求逐渐增加，价格水平逐渐回升，生产规模和就业水平也不断提高，到一定程度后，经济又进入繁荣阶段。

相对于经济繁荣阶段，经济衰退和萧条阶段的经济增长率较低，甚至有时表现为负增长。

上述四个阶段中，任何两个相连阶段的划分都是相对的，没有绝对的界限。每个经济周期的时间长短、波幅大小也不完全一样。所谓有规律的经济周期性波动应理解为宏观经济活动必然经历扩张与收缩的交替，而不应理解为每个经济周期的具体型式、具体特征等都完全简单、机械地重复。

衡量经济周期最重要的指标是实际 GDP，因为它最全面地衡量了经济活动。实际 GDP 的波动反映了经济周期和经济波动。此外，失业率、物价水平、投资额、市场销售额、甚至股票价格指数等的波动也是衡量经济周期的指标。这是因为经济波动是总体经济现象，会反映在许多不同的宏观经济数据上。

在谈论经济周期的许多场合，人们也常常使用经济波动一词，这大概是因为经济波动一词较为形象、直观。

有人将铁路货运量、新机器设备的订单、工业发电量及中长期贷款等视为经济波动的先行指标（所谓先行指标，指的是其变化在时间上早于经济整体运行状况的变化，因而可以用于对经济波动的事前预测）。你觉得其中的经济逻辑是怎样的？还有人将大型娱乐场所的消费者人数视为经济波动的同步指标，你是否同意？

---

① 价格水平下降只是经济衰退的一般性特征，并不是绝对的特征。有的经济衰退阶段还会出现通货膨胀。因为譬如原材料和包括原油、煤炭、有色金属等大宗商品的价格上涨导致整体物价上涨，同时企业因为生产成本提高而收缩生产、失业增加。

专栏 8-4　萧条中的“大扫除”和“停车加油”

经济萧条无疑是一种消极的经济现象，但也存在好的一面。因为在萧条时期，经济社会有更好的机会来改组和整顿，即进行经济大扫除。这可从两个方面来理解：一是繁荣倾向于保护落后、过时的企业继续经营(因为在经济繁荣时期，落后企业生产的落后和过时的产品也会有市场需求来支撑，从而可以继续生存下去)，而萧条是清除过时企业、发展现代化企业的大好时机。另一方面，萧条是企业进行生产的激励较少的时期，因此企业重组的机会成本和阻力都较小。

按照大扫除的观点，那些过时、落后的企业会一直等到经济萧条时才去关闭。萧条时的总需求水平低，对低水平的总需求的反应既可以是降低开设新企业的速度，也可以是关闭旧企业。但关闭旧企业似乎更明显。因而，萧条阶段的就业减少往往更多地来自旧工作岗位的减少，而不是新工作岗位的减少。

除了大扫除观点外，还有一种停车加油观点。在汽车比赛中，当黄灯由于事故而亮起时，要求汽车减速。车手常常利用黄灯时期停车加油、更换轮胎。但绿灯亮时，车手能开多快就开多快。相比之下，黄灯亮时停车加油的机会成本较低。衰退就相当于黄灯时期，这时生产和销售的利润较少，适宜企业进行重组和生产经营上的重大调整，解雇那些不称职的劳动者，招募称职的劳动者，为经济的复苏和繁荣作好准备。

(资料来源：霍尔，泰勒.宏观经济学[M].5 版.北京：中国人民大学出版社，2000：113.)

思考与讨论：

对于经济衰退时期的企业倒闭，有人认为政府不应伸出救助之手，以免破坏市场经济的优胜劣汰和产业结构的正常调整；有人则认为政府应该救助企业，否则大量工人的失业会破坏社会稳定，损害社会公平。你怎么看?

(二) 经济周期的类型

经济学家根据经济周期的长短，将经济周期区分为长周期、中周期和短周期类型。

1. 基钦周期

美国经济学家基钦认为，一个短周期的平均长度大约为 40 个月(近三年半)，这被称为基钦周期，是一种短周期。两三个短周期又合成一个中周期。

2. 朱格拉周期

法国经济学家朱格拉认为，一个经济周期为9～10年，这属于中周期，被称为朱格拉周期。

3. 康德拉耶夫周期

俄罗斯经济学家康德拉耶夫提出，经济有一种较长的周期循环，平均长度为50年左右。这是一种长周期，也被称为康德拉耶夫长波或者康波。

1939年，奥地利经济学家熊彼特在康德拉耶夫长波的基础上进一步明确指出：①18世纪80年代到1842年，这一周期为“产业革命时期”；②1842年到1897年，这一周期为“蒸汽机和钢铁时代”；③1897年后，这一周期为“电气、化学和汽车时代”。

4. 库兹涅茨周期

美国当代经济学家库兹涅茨提出，一个经济周期的平均长度为20年左右，这也是一种长周期。该周期的特点是建立在建筑业周期之上的，经济周期与建筑业周期是密切关联的。

一般认为，一个长周期包含了若干中周期，一个中周期又包含了若干短周期。

五、数字经济——喷薄而出的新的经济形态

根据康德拉耶夫的长周期循环理论，有不少经济学家勾勒了康波周期图。虽然在划分的年限上有一些小的差异，但基本上是大同小异。图8-2是荷兰经济学家雅各布·范·杜因提出的一个较为典型的康波周期图。

对于我们现在所处的经济时代，经济学家比较一致的看法是我们处于信息技术和数字经济时代。信息技术与数字技术是高度关联又是有所区别的。数字技术包括数据的收集、识别、过滤、选择、存储和使用等。它在技术上依托现代信息技术。在技术层面，数字技术和数字经济包括大数据、云计算、物联网、区块链、人工智能、目前的5G通信等新兴技术，这些技术属于现代信息技术。过去有人喜欢以信息经济来概括新的经济形态，现在有人喜欢以数字经济来概括。数字经济指的就是围绕信息技术和数字技术的开发、利用所形成的经济形态。它包括了相关技术和设备的研究、开发、生产、服务、运用等。有人甚至认为，信息经济和数字经济是继农业经济、工业经济之后的主要经济形态，是以数据资源为关键要素，以现代信息网络为主要载体，以信息通信技术融合应用的一种全新的经济形态。目前我们对这一经济形态的刻画还为时过早。这一时代的许多技

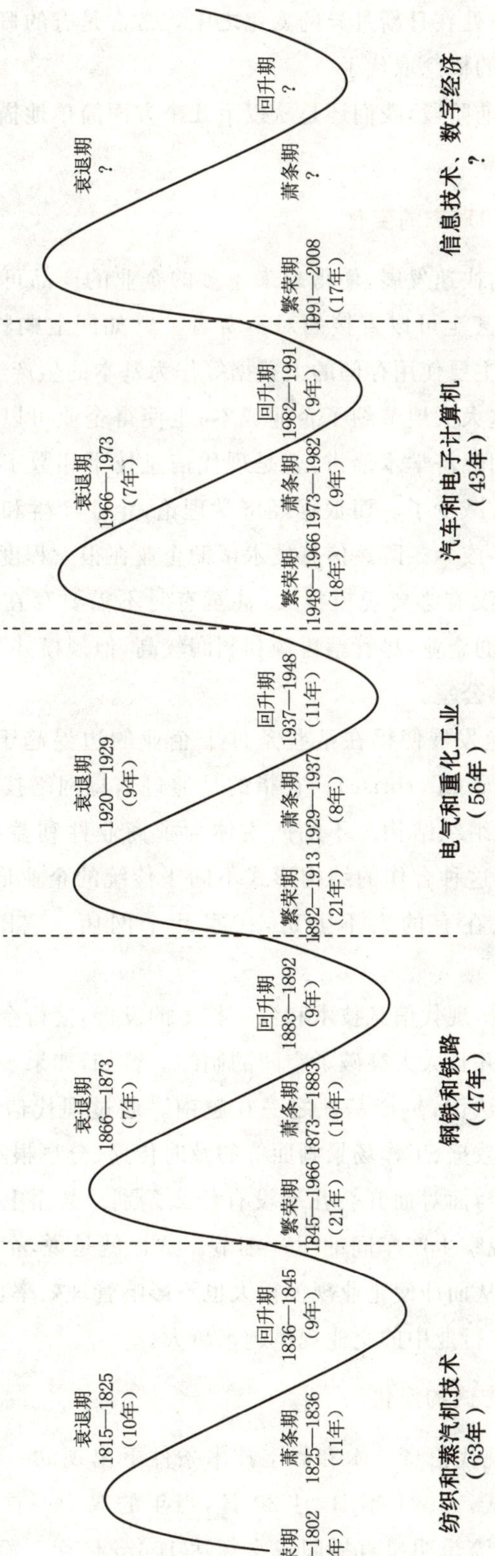

图 8-2　历史上的五轮康波周期

术和人类的认识等还处在日新月异的变化之中。常常是有的概念上半年还比较时髦，下半年就被别的概念取代了。

尽管如此，在目前阶段，我们还是从以下几个方面简单地描述一些现象及其可能的影响。

(一) 企业规模和形态的变化

现代信息技术的快速发展，使得越来越多的企业的产品可以跳过原来的许多传统的中间环节，甚至可以直接面对消费者。譬如网上购物或者网上销售。另一方面，由于他们主要使用存储的大数据等作为基本的生产经营资源，也不需要雇用很多人员。这大大地节约了企业成本，也使得企业可以大大减少员工数量和投入的资源。用经济学术语讲，就是现代信息技术和数字技术的发展使得企业的交易成本大大减少了。而根据经济学理论，企业产生和企业规模扩大的目的本来是减少交易成本。既然信息技术帮助企业在很大程度上达到了这一目的，那么有些企业就没有必要规模很大，甚至有时不需要存在了。大家可以发现，现在有些行业中的企业，尽管销售额和利润较高，但规模并不大，甚至可能只租用了一两间商务办公室。

信息技术的快速发展使得在某些条件下企业的边界趋于模糊，出现了所谓的虚拟企业（virtual enterprise）。它指的是通过信息网络技术加以联结的企业组织，没有成形的组织结构。不同的主体为了商业性利益在网络平台上进行短期的柔性合作，这种合作的结构形式不同于传统的企业形式，但似乎又有点像企业。例如，现在有的人不上班，在家开个网店。它既像企业又不像企业。

再换一个角度看，现代信息技术和数字技术的发展，使得企业的生产经营活动的组织更加高效，并且大大突破了空间的制约。譬如，如果一个公司的管理总部在上海，分公司在法国，生产基地之一在越南。通过现代信息技术和数字技术，他们之间的财务数据、工作场景画面等的及时传递、分享根本不成问题，网上的开会讨论、交流也与面对面开会几乎没有什么差别。甚至上海管理总部的人员可以在网上实时观察生产车间的生产细节。这也就是说，企业生产经营的组织成本大大降低了，从而即使企业规模很大也不影响管理效率，而且可以实现空间跨越。这使得有些行业中的企业规模越来越大。

(二) 市场交易方式的变化

直播带货就是现代信息技术和数字技术条件下出现的一种新的市场交易方式或新的销售形式。2021 年 10 月 20 日，当年的双十一首轮预售中，12 个半小时的时间里，某流量明星直播间成交额达 106.5 亿元。而头一年 4 500 多家 A 股上市公司中，全年营业收入超过这个数字的，仅 387 家。这足以说明直播带货的魅力。直播带货也说明了流量的重要性，在数字经济时代，有“流量为王”的说法。

团购本来也是一种新的市场交易方式，但新的经济形态的快速发展已使它显得有些“陈旧”了。团购是将分散的消费者的需求以集合的方式组织起来，直接与生产商或者供应商对接。从经济学上讲，这也是对规模经济的一种利用。团购常常是消费者的一种短期的柔性合作，有的人是今天参加这个团购，明天参加另一个团购。

当然，市场交易方式的变化是与跨区域的快捷的物流体系和快递、快递小哥联系在一起的。

（三）就业形态的变化

过去的就业形态是人必须去单位的工作场所上班，有正式的聘用合同。但现在有的人的工作场所不是固定的，而是移动的，常常也没有单位的聘用合同，甚至工作时间也是非常自由、随意的。

譬如，某县城的一个年轻人表面上没有任何正式的工作，他买了一辆小型卡车，通过手机微信接受工作信息或工作任务。有的建筑工地要求他某个时间去某地将水泥拉到建筑工地；有的要求他去将建筑垃圾拉走。有的在微信群里问谁愿意去邻县拉商场进的货物；等等。他愿意干就去，不愿意干就不去，很自由。这样的人实际上是有工作的，但形式上是没有传统意义上的工作的。现在不少中小城市，这样的人越来越多，而且还常常忙得不得了。

在一些大城市，类似的就业形态也同样存在，典型的如代驾、代购、顺风车等。有的是兼职的，那就意味着一个人实际上从事两份工作。有的家电产品的维修、水管的疏通、保洁等虽然是由相关公司联系、组织，但实际上人员常常是通过手机接收公司的工作信息或者直接接收客户的工作要求。

人们越来越多地以零工经济（gig economy）来概括相关的类似现象。零工经济指的是利用互联网和移动信息技术等快速匹配工作上的供需双方，主要由自由职业者参与的一种经济形态。它们都是基于互联网信息传递和移动信息端的信息传递。

（四）数字经济的几个直观场景

数字技术和数字经济的发展方兴未艾，而且还常常颇具高深的专业性。目前的描绘和勾勒都只能是初步的。这里简单地介绍几个直观的应用场景。

某大公司根据员工近一个月在公司食堂的用餐数据，发现有少数员工的用餐卡上的支出很少，公司管理层就有理由去寻找原因。到底是这些员工的身体不适？还是公司食堂的菜肴有待改进而使得他们去外面就餐了？

某广告公司利用自己的平台接收驾校学习开车的报名，后来发现取得驾照后大多数人会在一年之内购买新车，该广告公司又利用相关的数据实施精准营销，帮助汽车 4S 店销售汽车。购买新车的人 100% 都要购买与车辆相关的保险，该广告公司又在与各保险公司联系的前提下，帮助保险公司销售保险。这样在对信息和数据的发掘、整理和利用的基础上的销售肯定比过去的传统销售更加有效。这是数字经济的一个简单、直观的应用场景举例。

在数字经济时代，如何厘清个人信息的隐私并加以有效保护是一个必须面对的课题。

现在人们又喜欢以**元宇宙**来概括数字技术主导的生活、工作场景，将大数据、云计算、物联网、区块链、人工智能等进一步具体化。

（五）数字货币

数字货币是数字经济时代的一个不得不提的概念。数字货币通俗地讲就是电子货币形式的替代货币。但关于数字货币可能是什么样的，应该是什么样的，现在世界各国还有不同的看法。例如，我国的权威机构认为，数字人民币是有国家信用背书、有法偿能力的法定货币。换言之，我国的数字人民币与现在正在流通和使用的人民币是完全等价的，只是形式不同。一旦未来的数字货币投入全面的使用和流通，人们就可以不用现在的纸币了。显然，这种数字货币依赖现代信息技术和数字技术。就像现在的第三方支付和扫码支付也依赖手机等信息技术一样。

欧洲有的相关机构认为数字货币可以不由央行或当局发行，也不与法币挂钩，但由于被公众接受，所以可以作为支付手段，以及履行货币的其他职能。比如，现在的比特币是一种虚拟货币，不享受任何主权信用担保。

现在无法预期数字货币将来会产生怎样的影响。但当今时代的第三方支付和扫码支付确实对货币的需求进而对货币供给产生了影响。举例来说，一个小镇上有 100 户家庭，假设每个家庭过去每周平均在身边保留 500 元现金货币以应付日常交易需求，那么全镇居民每周在身边保留的货币就为 50 000 元。而在扫码支付方式流行后，每个家庭每周也许平均只会保留 100 元现金货币在身边。这样，全镇居民每周的现金货币需求就仅为 10 000 元。再譬如，过去每年的除夕夜，人们要提前准备一定数额的现金用于给亲朋好友发放红包，但现在越来越多的人不用现金发放红包了，大大减少了对现金货币的需求。居民的货币需求如此，企业的货币需求也存在类似的情形。

现代货币支付方式还增强了货币的区域流动，大大提高了货币的流通速度。譬如，在上海的 A 先生可以通过微信、支付宝等将 10 000 元迅速转给在北京的 B 先生，B 先生又马上可以将它支付给在拉萨的 C 女士，C 女士在一分钟后又可以将它转给在西安的 D 女士。如果是运用传统的支付方式，这一过程的完成可能起码需要两周时间。货币的区域流动性的增强，当然有助于市场经济的发展和人们生活的便捷化。货币流通速度的提高实际上使得同样数量的基础货币可以发挥更大的交易媒介作用，也就是，在同样的条件下，货币的供给似乎可以比过去有所减少。

六、大湾区与大江大河入海口三角洲——魅力四射的增长极

法国经济学家佩鲁在20世纪50年代提出了增长极理论，这一理论是从地理空间的角度来考察经济增长。这一理论的核心是，由于某些主导产业和有创新能力的企业在一些地区或大城市的聚集，形成了资本与技术高度集中、具有规模经济优势、自身增长迅速并能对邻近地区甚至全国产生强大经济带动作用的增长极。区域经济学、经济地理学、空间经济学、城市经济学(都是经济学的分支学科)都从不同角度、运用不同的研究方法考察和分析了经济增长的地理空间因素。

(一) 滨海大湾区

放眼观世界，可以发现一个奇特的现象，世界各国经济增长最快、城市群和人口分布最密集、产业集聚性强的区域往往是滨海的大湾区和大江大河入海口的三角洲。换言之，这些区域常常是所在国的增长极。所谓滨海大湾区，就是指海岸线不是接近平直的形状，而是进入陆地拐了一个弯再出去的形状。

美国的纽约湾区，湾区中的纽约是美国最大的商业贸易中心，也是世界最大的国际金融中心。这一区域的人口达到6 500万，占美国总人口的20%。美国的旧金山湾区，是美国加利福尼亚州北部的一个大都会区，总人口超过760万，最主要的城市包括旧金山半岛上的旧金山，东部的奥克兰，以及南部的圣荷西等，世界著名高科技研发基地硅谷就位于湾区南部。日本的东京湾，主要城市有东京、横滨、川崎等，南面由两半岛环抱，只留一小开口进入太平洋。东京湾是日本经济、金融和国际贸易等的核心区域。欧洲、非洲、南美洲等许多国家也程度不同地有类似情形。

我国著名的大湾区有粤港澳大湾区，大湾区有广州、佛山、肇庆、深圳、东莞、惠州、珠海、中山、江门9市和香港、澳门两个特别行政区组成的城市群。环杭州湾大湾区，包括上海、杭州、嘉兴、湖州、绍兴、宁波、舟山7个城市。渤海大湾区，大湾区的主要城市有天津、北京、大连、青岛、烟台、威海等。这一大湾区目前的经济总量还没有较突出的优势，但应该说是具有较好的自然基础。

由于历史、气候等方面的复杂原因，并非所有的自然形态的大湾区都能成为所在国的增长极。经济学上讲的大湾区一般是从自然形态和经济发达水平两个方面来说的。

滨海大湾区之所以常常成为增长极，可能的原因有：大湾区内常有风浪小的避风良港。具有进行国际贸易和对外经济交往的优势，因为货物的海上运输成本相对较低，也较为便捷。有利于国外先进产业的引进和代工生产。沿大湾区海岸线分布的各城市通过海上联系的距离常常比陆上联系距离要短，运输的货物容量要大。滨海大湾区的弯曲的海岸线常常很漂亮，旅游资源常常较为独特。海产品也较为丰富。

（二）长三角与珠三角

我国的粤港澳大湾区和环杭州湾大湾区还分别与珠江三角洲、长江三角洲部分重叠，这更强化了地理空间方面的优势。大江大河入海口的三角洲地区一般是冲积平原，土地肥沃，农产品丰富。内河运输有利于将滨海各城市与沿河内地城市和经济区域联系起来。尤其是我国的长江，其每年承担的货物运输量相当于很多条繁忙的铁路的总和。大江大河还可以为沿线提供生活用水和生产用水，为农业生产提供灌溉。

一般来说，大江大河沿线都分布着许多城市和人类经济活动的活跃区域，成为地理空间上的经济带。我国就有长江经济带的说法。铁路沿线和高速公路沿线也常常是经济活动较活跃的带状区域。美国著名的硅谷就是分布在101高速公路沿线。硅谷集中了苹果、谷歌、甲骨文、英特尔、惠普、微软、思科等著名的高科技公司，是典型的IT行业或半导体行业的高新产业集聚区。

在滨海大湾区、大江大河入海口三角洲、沿江沿路经济带经常会有产业集聚的现象。产业集聚是指同一产业在某个特定地理区域内高度集中的现象。譬如，上海浦东张江的医疗器械产业集聚、江苏昆山的笔记本电脑的产业集聚、苏州的电子信息产业集聚等。人们还常将集聚的产业称为产业集群。浙江的产业集群是较为闻名的，如余杭的家纺产业集群、宁波的服装产业集群、海宁的皮革制品产业集群、诸暨大唐镇的袜业产业集群、平湖的光机电产业集群等。当然，随着各地的产业升级，产业集群今后也可能会有一些变化。

产业集聚的好处是，有利于原材料供应商的集中运输供货，从而可以降低原材料的采购成本。有利于产业内分工的进一步深化和相互合作。有利于行业产品信息的分享。有利于专业人才的流动和分享。有利于在激烈的市场竞争中不断成长。有利于区域品牌的塑造。

我国的上市公司，先进产业领域的公司和行业细分领域的优秀公司大多集中在长三角和珠三角地区，集中在粤港澳大湾区和环杭州湾大湾区。在这两个区域，也集中了我国最大的两个城市群。这两个地区的经济发达城市几乎是一个连着一个的。

（三）大城市与超大城市

对于大城市尤其是超大城市的发展，人们一直有争议。过去有人认为应该控制超大城市的规模扩展，因为不容易管理，交通拥堵现象严重，人口过于密集。但现在似乎有越来越多的学者和城市管理人士认为不应该简单、盲目地限制大城市的发展。大城市具有基础设施共享的规模经济优势，譬如，大城市或超大城市的音乐厅经常有演出，也经常是一票难求，而中小城市的音乐厅即使偶尔有一场演出，也常常是观众寥寥。城市越大，水电煤气、地铁和公交车等的平均运行成本就越低。大城市为产业的区域高度集聚提供了可能，降低了企业之间、行业之间等的交易成本。

知识分为显性知识和隐性知识两大类，显性知识指的是可用书面文字、语言、图表和数学公式等加以表述的知识。不能借助于文字、语言等表达和传播的知识属于隐性知识。隐性知识常常需要通过人与人近距离观察、手把手教导等形式才能有效传播。譬如，厨艺只有跟着师傅学、动手实操才可能有较为明显的效果。经营管理的技巧也不是仅仅通过书本就能够学会的。大城市为各行各业的人的充分交流提供了广阔的舞台，这种交流有利于知识的传播，所以大城市的学习效应比中小城市更强。

大城市或超大城市也有利于人际关系摩擦成本的降低，增加社会运行的润滑效应。在中小城市尤其是县城和小镇，公司的某位下属可能是自己的丈母娘的姑父的女婿，发生商业纠纷的对方公司的办公室主任可能是邻居的二叔。因此，无论是在工作还是日常生活中因为“抬头不见低头见”的情面关系，原则常常被不同程度地扭曲，社会摩擦系数较大。而在大城市或超大城市，这方面的问题就很少。

所以，现在很多学者认为，判断城市是否太大不能仅看城市的面积和常住人口的数量，而应该看城市经济活动的效率是否真的发生了逆转，看城市规模是否超出了伴随着科技进步不断提升的城市管理能力。

当然，作为增长极的大城市也不是全部集中在滨海大湾区和大江大河入海口三角洲地区。例如，成都、西安就是所在区域的增长极，它们分别都有发达的航空运输和陆上运输系统。

复习思考题

同步训练

1. 熟悉下列概念。

经济增长	经济发展	索洛剩余
全要素生产率	边干边学	人力资本
制度创新	经济周期	数字经济
数字货币	增长极	产业集聚

2. 你认为应该如何使教育更好地促进经济增长?

3. 列举并讨论现实社会中一两个制度创新促进经济增长的案例。

4. 请深入地思考和讨论城镇化对于我国经济增长的促进作用。

5. 经济萧条时期可能存在怎样的市场机会?

6. 评论下述对话。

张铁嘴:我觉得经济学上讲的人力资本的含义是很宽泛的。人的责任心、工作的细心程度、对以往工作与生活中的经验教训的吸取和反思、将复杂问题简单化的能力、讲话简明扼要的能力等都属于人力资本的范畴。这也就是我们通常说的人的素质问题。某种意义上讲,人的素质在经济学上就叫人力资本。

李小嫚:我同意你的看法。你刚才说的这些实际上都会影响企业的生产经营效率,影响整个社会系统的运行效率,当然会影响经济增长。譬如,有的企业或单位开会讨论一个并不复杂的问题,常常大半天都形不成决议或决定,很多人在那里东拉西扯。一些重要的商业性谈判也因为类似的情景而不了了之。有时你去向一位管理者请示汇报一个问题,他跟你讲了一大堆,结果你发现不知道他是什么态度。这可能是他滑头,不愿承担责任,也可能是他确实没有清晰表达意思的能力。无论是哪一种情况,都可归结为人力资本方面的问题。在工作中敏锐地发现问题的能力、将复杂问题通俗地表达出来的能力、讲话简洁的能力等是人的难能可贵的素质。学历的提高有时并不是太难,但有的人却几乎一辈子都做不到讲话简明扼要和风趣幽默。还有,你刚才讲的对以往工作与生活中的经验教训的吸取和反思实际上就属于经济学上讲的边干边学。

张铁嘴:听说你前一段时间去庐山游玩了?还听你的同伴说你跟游客和

当地人交流时的简洁明确令人印象深刻。

李小嫚：庐山真漂亮！那天早上我们抵达离庐山还有几十公里的地方，远远望去，那黛绿色的山峰有如屏风似的剪影，散发出令人惊羡的魅力。庐山还具有独特的人文资源，中国现代史上不少重大事件都是与它相联系的。庐山上面还有一个小镇，叫牯岭镇。有些出人意料的是，在庐山上还能很方便地收到各地来的快递。

张铁嘴：说到快递，我想到了经济学上的分工。原来是没有快递的，快递是从传统的邮政业务中分离出来的。这是分工的深入和细化。后来又进一步分离出了闪送。快递的市场规模越来越大，市场大了，快递公司也越来越多，快递业务越来越忙。激烈的市场竞争又促使快递速度越来越快，价格越来越便宜。从经济学的眼光来看，很多业务和商业模式就是分工的深化。譬如，公司上市仪式的操办有专业的礼仪公司；连锁药店其实是将医院原来的一部分职能剥离出来了；家里的脱排油烟机可以交给专门的清洗公司或保洁人员清洗（这实际上是家务劳动的外包），还有名目繁多的各种咨询公司、中介公司也是分工的深化。这种分工的深化表现为新的行业和新的职业不断地崛起，市场规模不断扩大，由此也促进了经济增长。

李小嫚：对的。分工与市场是互为前提、相互促进的。有了足够大的市场，人们才能安心地在专业化生产经营领域专务一业。分工深化了，人们也就会越来越相互依赖，需要购买别人的产品，市场规模就越来越大了。这一原理是经济学家亚当·斯密和杨格先后分别论述的，被称为斯密—杨格定理。

张铁嘴：上海旁边的昆山属于江苏省的一个县级市，近 20 年以来，它取得了令人瞩目的发展。你可以简要、通俗地分析一下其中的原因吗？

李小嫚：外商和台商来上海地区投资，很多喜欢去昆山，因为上海市的土地和房屋租金贵，雇工的成本高，而昆山就便宜多了。上海到昆山比较近，交通很方便，开车 1 个小时左右就到了。外商抵达上海的国际机场后，可以很快到达昆山。在昆山生产的产品可以很方便地通过上海的港口、机场、铁路等外运。昆山还可以承接上海的产业转移，很方便地利用上海这个中国的经济中心、金融中心、国际贸易中心等的各种资源，利用上海的人才和信息优势，利用上海的大市场。而且，现在城际铁路这么发达，有一些人在昆山居住和生活，但在上海上班和工作。总之，昆山的发展是充分地借助了上海的经济辐射。上海周边地区许多中小城市和小城镇都是如此。这就是所谓的经济圈。

张铁嘴：在其他地方也是如此，各省会城市的周边地区一般都有相对较好的经济增长势头。

第 9 章　失业与通货膨胀

宏观经济在其运行过程中，不可能始终处于理想状态，总需求与总供给不可能一直处于均衡或大体均衡状态。在经济繁荣时期，容易发生通货膨胀；在经济萧条阶段，又容易产生大量失业。失业和通货膨胀是宏观经济运行中常见且又重大的经济现象。

一、没有工作的人不一定是失业——失业的计量与类型

失业者是指年龄在规定范围段（如美国规定 16～65 周岁），有工作能力并且正在寻找工作却没有工作的人。失业人数与就业人数构成劳动力人数。成年人中，除了劳动力外，还有非劳动力。非劳动力包括全日制学生、家务劳动者、退休者、身体不适合参加工作的人，甚至还包括已经放弃寻找工作的人。

计量失业的指标有两个：失业人数和失业率。失业人数是全部失业者的绝对数，失业率则在某些方面更好地表现了一个社会的失业的严重程度。失业率指的是失业人数占全部劳动力人数的比率，即

$$失业率=\frac{失业人数}{全部劳动力人数}\times100\%=\frac{失业人数}{就业人数+失业人数}\times100\%$$

超出年龄范围段的未成年人和退休人员等既不算失业人员，也不算劳动力。在很多国家，那些虽然没有工作但已经放弃寻找工作的人也是不计算为失业人员的。

在计算失业人数和失业率时，各个国家在具体的统计方法上有所不同。有的国家是根据失业者登记和失业保险金的发放情况来统计失业人数，并相应地计算失业率。有的国家则是有关政府机构通过抽样调查来统计失业人数和失业率。美国的劳工统计局（BLS）每月调查 6 万个左右的家庭，以获取就业和失业的数据信息。

我国目前的城镇人员登记失业率的统计对象暂时是不包括在城镇的来自农村地区的民工的。

可从不同角度对失业予以分类。

(1) **摩擦性失业是指由于劳动市场或生产过程中难以避免的正常摩擦所产生的短期、局部性失业。**如人们放弃原有的工作或被解雇，至寻找到新的工作之间一般需要花费一段时间，该时间段内人们处于失业状态；有的妇女在怀孕和哺乳期间离开原工作单位，也处于短暂的失业状态；一些季节性的工种，在生产经营的淡季有一部分劳动力闲置，相关工人回家等待工作或需要寻找别的工作；等等。

(2) **结构性失业是指由于经济结构、技术水平的发展、变化及劳动供求区域结构之间的不对称等原因而导致的失业。**如钢铁工业的自动化导致大批工人失业；20 世纪 90 年代上海在将传统的纺织业紧缩和下马的产业结构调整中，累计有几百万纺织工人失业；A 城需要大量的劳动力，B 城的闲置劳动力却因为区域等因素而无法向 A 城供给；等等。结构性失业的特点往往是失业与工作空位同时并存，即一方面劳动需求无法得到充分满足，另一方面求职者因为自己的技术水平、技术结构等原因而无法满足生产要求。

对照摩擦性失业的概念，也可将结构性失业看作摩擦性失业的较极端形式。在某些场合下，这两种失业的区分是较为模糊的。传统产业的衰落和新兴产业的勃兴最容易导致大量的结构性失业。

(3) **周期性失业是指由于总需求不足使得生产萎缩，进而导致对劳动力的需求下降而产出的失业。**由于总需求状况和劳动力需求状况与经济运行周期是密切相关的，总是在经济运行周期的衰退或萧条阶段出现劳动力需求的下降，故而这种失业被称为周期性失业。

(4) **自愿性失业是指虽然有就业机会，但由于嫌工资太低、工种不合兴趣等原因而不愿就业，宁愿失业的情况。**在现行工资水平，自愿失业者可能更偏好闲暇或其他活动，而不是工作。经济发展水平越高，自愿性失业现象就会越多。自愿性失业不是真正意义上的失业，甚至可以不归于失业。

(5) **非自愿性失业是指由于经济社会没有提供足够的劳动需求，而导致许多人在现行工资水平愿意工作却找不到工作。**

失业一般都通过公开的形式表现出来，但在某些条件下，失业并不公开表现出来，这种失业就是隐性失业。**隐性失业是指就业者形式上有工作，但实际上如果被解雇，企业不会有任何损失。**例如，10 个人参与生产时，每周提供的总产值为 1 万元。新雇用 1 个人参与生产，11 个人每周提供的总产值为 1.05 万元，即第 11 个人每周提供的边际产值为 500 元，但企业每周支付给他的工资为 800 元，这第 11 个人实际上是处于失业状态。因为解雇他，企业的利润不会减少，甚至还会增加。一些管理松懈的企业中就存在隐性失业，或称在职失业。

还需说明的是，以上各类失业是基于不同角度的区分，有时难以绝对分开。如辞去工作后并不积极地寻找新的工作，或者对新的工作的要求过于苛刻，这就既带有摩擦性失业的特征，又带有自愿性失业的特征。而原本属于结构性失业的人，由于长期找不到工作，便可归属于非自愿性失业或周期性失业。而周期性失业乃至隐性失业本质上就属于非自愿性失业。

通过前述可知，摩擦性失业、结构性失业和自愿性失业都是难以避免的，它们与经济社会的总需求水平、与经济运行周期等无关。因此，它们也被统称为**自然失业**。

如果消除了非自愿性失业或周期性失业，就可以认为经济社会已经达到了充分就业。**充分就业指的是消除了非自愿性失业或周期性失业以后的社会就业状况。**

二、难以承受的失业之重——失业的代价

从经济方面来看，失业会直接造成资源的浪费。劳动力这种经济资源具有其自身的特点：本期可利用的劳动力不能移至下期使用，本期可利用的劳动力闲置就构成这部分资源的永久性浪费。失业者长时期失业还会使自己的技能、知识等加速折旧，逐渐失去寻找新的工作的技能和信心，构成全社会人力资源的浪费。在大量失业的同时，生产设备及其他经济资源也常常会大量闲置，生产能力开工不足，这直接降低了国民产出水平。而且，大量的失业使人们的收入大为降低，从而使市场需求萎缩加剧。

专栏 9-1 不是工作的“工作”

大明 10 多年前从某外国语大学的法语专业毕业，来到一家政府行政机构上班。参加工作的前几年，他还会受单位指派，参加与一些法国企业和商务代表的工作交流，或者翻译一些法文资料等。但后来随着政府机构职能的变化，这样的工作机会越来越少了。最近五六年来，他几乎没有工作上运用法语的机会了。因此，大明的法语水平也大大地退步了。

该行政机构几经机构重组和职能变迁，早在六七年前开始，就没有多少实质性的工作，但机构的工作人员却多达 10 人。在大明眼里，这点日常事务由 5 个人做就足够了。所以，办公室里经常出现的景象是，有的人捧着茶杯在无聊地翻阅报纸；有的人在无所事事地玩手机；有的人在上网玩游戏；有的人在打电话同人闲聊。大明过去也几次想过“跳槽”，换一个工作环境，换一种工作状态。但总下不了决心，惰性越来越强。现在已经差不多放弃了跳槽的打算，因为长期的松

散工作状态使得他越来越害怕竞争激烈和节奏较快的工作了。在就业市场上，他的年龄优势也正在逐渐丧失。由于长时期内工作上接触的圈子很小，他后来同陌生人交流甚至都有些手足无措。

思考与讨论：

1. 如何理解作为隐性失业者的大明的知识、技能和进取心等在加速折旧？

2. 有人认为隐性失业者从单位领取的薪酬在功能上相当于显性失业者领取的失业救济金，这有助于社会的稳定及和谐。你赞同这种观点吗？隐性失业的存在到底是利大于弊还是弊大于利？

从社会影响来看，失业不但使失业者及其家庭的收入和消费水平下降，而且会给失业者的心理造成巨大的创伤，并带来一系列社会问题。失业者长期找不到工作会产生悲观失望，甚至失去对生活的信念。高失业时期，往往伴随着高犯罪率、高离婚率和其他各种社会骚乱，影响到社会稳定。

三、坐出租车为什么比坐公共汽车更合算？——通货膨胀让人目瞪口呆

（一）通货膨胀的含义

通货膨胀（通胀）指的是经济社会一般价格水平的持续的上涨。对这一定义需加以说明的是：

（1）一般价格水平的上涨不同于个别商品价格的上涨，一般价格水平指的是经济社会的总体价格水平。但一个经济社会存在着无数种商品和服务，对它们的价格运行的逐一统计是不可能的。因此，一般采用价格指数来衡量一般价格水平，一般价格水平的上涨幅度不一定等于某一种商品的价格上涨幅度，一般价格水平上涨的时候，也有可能个别商品的价格下降。

（2）一般价格水平的持续性上涨才属于通货膨胀。一次性上涨或短时期内由于某种突发因素上涨，然后稳定下来，甚至回落，一般被认为不属于通货膨胀。

（3）一般价格水平持续性上涨多大幅度时才属于通胀呢？有的学者认为这种上涨应是“可觉察到的”“显著的”，价格水平的微小幅度的上涨不属于通货膨胀。但这种“显著的”“微小幅度”等表述难以给出明确的数量界定。所以，现实社会中，对于通胀的判定有时存在较大的争议。当然，在价格水平上涨幅度较大时，总能形成对通胀的共识。

与通胀相对的概念是通货紧缩，它指的是一般价格水平的持续性下降。我国在 1998、1999 年便属于公认的通货紧缩时期。

(二) 通货膨胀的衡量

通胀程度一般用通胀率或价格水平上涨率来表示和衡量。其计算公式为：

$$本期通胀率=\frac{本期价格指数-上期价格指数}{上期价格指数}\times100\%$$

关于价格指数，在第 6 章曾作过介绍。上式中的价格指数一般选用消费者价格指数。

(三) 通货膨胀的类型

1. 根据价格水平上升的速度和幅度来分类

按照美国著名经济学家萨缪尔森等人的划分，有：

(1) 温和型通胀，或称低通胀。指每年总体价格水平上升的幅度一般在 10%以下，或者说年通胀率为一位数的通胀。当然，实际上对于价格上升幅度究竟为多大时才称得上温和通胀还是有争议的。如果 2%左右的价格上涨幅度属于低通胀的话，许多国家可能经常性地存在低通胀。现在也有不少人认为，譬如 9%左右的通胀率已经可以算令人难受的通胀了。低通胀条件下，货币贬值速度不快，人们对货币还比较信任，人们还愿意签订以货币形式表示的长期买卖合同，因为他们感到有把握肯定自己买卖的商品价格不会超出现行价格水平太多。甚至还有人认为这种缓慢而逐步上升的价格对经济的增长有积极的刺激作用，因为它使得总需求适当地超过总供给，企业生产出来的产品能较快地以较高的价格售出，从而较为稳定地扩大生产。

(2) 奔腾型通胀，当总体价格水平以每年 10%以上，直至 100%、200%等三位数的速率上涨时，这时的通胀便属于奔腾型通胀。该种通胀下，货币贬值迅速，人们往往希望尽快地把货币换成自己所需要的商品，货币流通速度加快。由于人们预期物价还会进一步上涨，常常会抢购甚至囤积今后所需要的商品或生产原材料，从而使通胀进一步加剧。人们这时已不愿意签订长期买卖合同，或者更倾向于以某种币值稳定的外币作为计价单位来签订合同。

(3) 超级通胀，也称恶性通胀。它一般是指总体价格水平每年上涨几十倍、百倍乃至更高幅度的通胀。20 世纪 80 年代和 90 年代，一些拉丁美洲国家就出现过这种通胀。俄罗斯在 1992 年放开物价后的 5 年内，物价上升了 1 000 倍。超级通胀条件下，货币已失去人们的信任，有时甚至会部分地出现物物交易现象。各种正常的经济联系遭到破坏。

对于恶性通胀中的货币贬值现象，人们进行过不少生动的描述。如凯恩斯在谈到第一次世界大战后奥地利的恶性通胀时，告诫人们应该一次买两瓶啤酒，因为啤酒走味的速度赶不上价格的上涨；未通胀时，人们用口袋装着钞票，买的东西用篮子装满提回，而通胀时，则是用篮子装钞票，买的东西用口袋装上带回；提着装满篮子的钞票购物的妇女休息时，篮子被抢走了，没什么价值的钞票却无人要；乘出租车比坐公共汽车更合算，因为出租车是在坐完之后付款，坐出租车的过程中货币已经贬值。而公共汽车却是一上车就买票，买票时的货币还相对较值钱。

专栏 9-2　土耳其货币"瘦身"

当 2004 年 12 月 31 日午夜钟声敲响，数百万土耳其人摘掉了"亿万富翁"的称号，因为从元旦这一天起，土耳其开始发行新版货币，新币面值比旧币少了 6 个零，即新发行的 1 里拉折合 100 万旧里拉。"瘦身"后的里拉同欧元的汇率是 1.8 比 1。

在此次货币改革以前，土耳其旧版里拉有着世界上"最不值钱货币"的称号，旧里拉纸币的面值分为 50 万、100 万、500 万、1 000 万与 2 000 万，硬币的面值最小的 5 万，最大的 50 万。

如此高面值的货币是土耳其多年来高通胀的恶果。旧里拉在 1920 年发行之初，1 里拉可以兑换 1 个多美元。但到了 20 世纪 70 年代后，由于经济结构问题，政府赤字连年攀升，然后就靠着借债和印钞票支撑，进而造成通胀日益严重。几十年来，土耳其的年通胀率经常保持在两位数，20 世纪 90 年代中期更是超过了 100%。

此次货币单位的更改，不仅意味着货币兑换的数学计算更容易，同时还能抹掉过去通胀的直接证据。

（资料来源：席雪莲.土耳其货币"瘦身"[N].解放日报.2005-01-02.）

思考与讨论：

这种将货币面值缩小的"货币改革"真的能够有效治理通胀吗？

2. 根据是否可以预期来分类

（1）预期型通胀。即价格水平的上升及其速度在人们的预期之中。例如，当某个国家的物价水平年复一年地按 5% 的速度上升时，人们便可预期物价水平将会以同一比例继续上升。既然如此，人们事先便会采取自我保护措施。如工会在与企业就工资水平谈判时，就会将 5% 的物价上涨因素考虑进去。这种通胀具有自我维持的特点，因而有时也被称为惯性通胀。

(2) 非预期型通胀。即价格上升的速度超出了人们的预期，或者人们根本没有想到会发生通胀。例如，国际市场上石油价格突然上涨导致国内物价水平的普遍上升。这种通胀由于在人们的预期之外，人们事先无法采取自保措施，因而许多消费者和企业可能会遭受重大经济损失。

3. 从价格上涨的表现形式来分类

(1) 显性通胀或公开性通胀。这是指通胀通过价格水平的公开上涨表现出来。在正常的市场经济条件下，通胀一般都是显性的。

(2) 隐性通胀。这是指虽然商品供不应求，但并不表现为价格水平的上涨，而是以较为隐蔽的方式表现出来。如有价无货、凭票供应等。隐性通胀一般都是由于政府的强制性的价格管制造成的，通常存在于计划经济国家、战争时期和严重的自然灾害时期。

4. 从通胀产生的原因来分类

可分为需求性通胀、成本性通胀和结构性通胀。对这三类通胀，将在稍后结合通胀原因的讨论展开分析。

四、可以让人癫狂起舞的价格曲线——通货膨胀效应

通胀效应就是指通胀所产生的影响和后果。通胀来临时，每一经济主体都不可避免地受到它的影响。通胀效应是多方面的，下面从几个主要方面来考察。

(一) 再分配效应

在通胀期间，工人的工资和物价虽都在上涨，但许多人的工资上涨幅度往往低于物价上涨幅度。

通胀期间，各种商品的价格上涨不可能是均匀的，有的商品价格上涨幅度可能较大，有的商品价格上涨幅度可能较小甚至没有什么上涨，也就是说，有的行业或企业收入增加较多，有的行业或企业收入增加较少甚至没有增加。因此，不同行业或企业之间的工人的工资上涨幅度也不一样，甚至差异很大。这无疑也是一种收入的再分配。

与工资的上升相比，那些依靠固定收入的人(如领取退休金、养老金的人)在不断上涨的物价面前，生活显然会越发窘迫。

通胀还会改变债权人与债务人之间的收入、利益配置。如张三在通胀前向李四借了 100 元钱，根据当时的利率水平，约定一年后以 103 元的本息和归还。但期间发生了通胀，货币贬值了，一年后归还的 103 元实际上也许只相当于借钱

时的98元，即张三实际上不仅没还利息，而且还从李四那里白白拿走了2元钱。

通货膨胀还会导致收入在社会公众与政府间的转移。这可从两个方面来理解：(1)中央政府通过中央银行大量发行货币，导致物价上涨、通货膨胀、货币贬值，政府用贬值后的货币购买商品和劳务，从而实际上节省了支出。(2)对于国债的发行，政府是债务人，而购买和持有国债的企业和公众是债权人。政府用贬值后的货币偿还到期国债，实际上侵害了债权人的利益，相应地增加了自己的收入。因此，这样的情况下，相当于政府对广大的货币持有者征收了一种通货膨胀税，只是这种征收比较隐蔽而已。

通胀总是会使一些人受损，同时又使另一些人得益。通胀的收入再分配不像政府转移支付及税收那样总出自既定的社会目标，而是具有随意性，常常会使分配更加不公。一般地说，这种再分配使收入和财富从固定收入者手中转移到非固定收入者手中，从债权人手中转移到债务人手中，从消费者手中转移到生产者手中，从价格上涨幅度小的企业转移到价格上涨幅度大的企业，等等。

但如果具体到某一个人，收入的再分配则带有不确定性。他作为消费者受到了损失，但同时作为资产所有者可能又从中受益，因为他拥有的房产等在通胀中涨价升值了。

另外，通货膨胀还会导致国民收入在国际上的再分配。当某国的通货膨胀率高于其他国家时，该国的消费者会发现外国同类产品的价格相对下降了，从而该国对外国产品的购买量增大。另一方面，通货膨胀率高的国家，其产品的国际竞争力下降，导致出口减少，进口增大和出口减少会导致一个净增的流向国外的国民收入流量。

(二) 资源配置效应

在通货膨胀期间，价格水平的上涨往往是不均衡、不均匀的，这就会引起资源的重新配置。那些价格上升快于成本上升的行业将得到扩张，而价格上升慢于成本上升的行业会相应收缩。在价格的剧烈变动中，各行业产品和劳务的价格与成本的上升往往具有盲目性，即该涨价的产品可能没上涨多少，不该涨价的产品却在大幅上涨。因而会导致资源的非合理配置，降低整个经济的效率。更具体地说，那些产品缺乏竞争力或产品严重过剩的企业，那些本应适度收缩的传统行业或本应关闭的企业常常会由于通胀时期宽松的货币环境和盲目的市场需求得以继续生存甚至扩大生产经营，从而妨碍了产业转型和产业升级，影响了经济结构调整，当然也导致了资源的非合理配置。

通胀期间，价格的频繁变动使企业的收益和成本处于不稳定状态，难以把握，从而给企业的收益—成本核算带来困难。这也会影响资源的配置效率。

从需求角度来看。在价格稳定或低通胀期间，如果一种商品价格上升了，则买方和卖方都可以对此作出明确的反应，资源的重新配置会是合理的。而在一个高通胀经济中，一种商品的价格上升后，买卖双方可能都难以判定是这种商品本身的供求状况发生了变化，还是总体价格水平的上扬带动的。买卖双方尤其是买方可能不会作出合理的行为调整，或者作出非合理的行为调整。这也会影响资源配置的效率。

通胀期间，原材料价格等的不断上升会逼迫企业不断地调整自己产品的价格，也就是增加企业的价格调整成本。如出租汽车公司要经常修改计价器；商店要频繁地更改商品价格标签；饭店要经常向食客耐心地解释为何又涨价了；供需双方要常常联系、沟通和谈判；一些价格听证会要经常举行；等等。这无疑也是一种资源的浪费。

（三）税收扭曲效应

首先来看定量税（税额固定）。通胀期间的价格水平上升，货币贬值，使得原来规定缴纳的固定税额的实际价值下降。

其次来看比例税。所得税通常是实行累进税率，即收入越低，缴纳的所得税的税率也越低；收入越高，税率也越高。通胀期间，人们的名义收入一般也会提高，但实际收入可能并未提高，甚至有所下降。然而，名义收入的提高却使人们进入了更高的纳税等级，得按更高的税率来纳税，这对纳税者来说是有失公平的。

再次来看对资本收益和利息收益的征税。假如某人在 2015 年以每股 10 元的价格购买了 A 公司的股票一股，在 2022 年以 50 元的价格卖出，根据税法，应对 40 元的资本收益征税。但假设从 2015 年到 2022 年物价总水平翻了一番，该人 2015 年投资股票的 10 元相当于 2022 年的 20 元，即该人的实际资本收益只有 30 元（50 元－20 元），但税法并不考虑通胀，要对 40 元来征税，这加重了税收负担。对利息收益的征税也有类似情形。通胀时的名义利率也许从过去的 3% 提高至 8%，但其中的 5% 是补偿通胀时的货币贬值，然而，征税却要对以 8% 计算的利息收益来征。

综上所述，通胀引起了税收的扭曲。解决这个问题的一种办法是实行税制指数化，即考虑通胀引起的货币实际购买力的变化，运用价格指数来衡量实际收入，并只对实际收入征税。在 20 世纪 80 年代，美国的部分税收法案已经实行了指数化。

（四）经济增长效应

一般来说，在短期内，非预期的通货膨胀，即未被预料到的通货膨胀会使产品价格的上涨快于货币工资率的上涨，因为工人未在工资合同中提出较高的工资要求，这样会促使企业增雇工人、扩大产量以谋取利润，使就业和国民产出增加。但就长期来看，工人不会容忍货币工资率滞后于物价的上涨，将要求提高工资。一旦工资得到相应提高，通货膨胀促进就业和产出增加的效果就会消失。

通货膨胀持续一段时间以后，企业预期政府会采取紧缩政策，以治理通胀，如减少货币供应量等，便会在投资上表现得十分谨慎，不轻易扩大投资。从而使经济增长减速，甚至衰退。而且，供给方面的成本上升推动的通货膨胀即使在短期内也不会增加产出和就业，甚至起相反作用。

在通胀非常严重或超级通胀时，越来越多的人将不愿去从事正当的生产经营活动，而是期望在一片混乱中去进行种种投机活动，如买进预期即将大幅度涨价的商品或资产，然后在价格上升后抛出。这样，正常的生产经营活动会受到严重冲击，经济增长出现停滞甚至下降。

从实证研究上来看，经济增长与通胀之间似乎存在正相关关系。如美国在通胀率较高时，就业和产出水平一般也较高。而在通货紧缩或通胀水平趋于降低的时期，如 19 世纪 90 年代、20 世纪 30 年代、1954 年、1958 年、1982 年和 1991 年，资本闲置，劳动力处于高失业状态，产出下降。

但更深入的实证研究又表明，经济增长与通胀之间的正相关关系似乎只是暂时的。长期来说，通胀与经济增长之间存在一种类似倒 U 形的关系，即通胀率低时，经济增长率也低，伴随着通胀率的提高，经济增长率也提高。在一定程度后，通胀率再提高，经济增长率下降。

另外，通胀还会对社会稳定构成威胁，因为这时的收入再分配较为紊乱，大量的钱款转移行为、大量的抢购行为、大量的投机行为等均会造成社会的不安定。有越来越多的人成天热衷于价格普遍性上涨引发的各种投机活动而不务正业，也就是达到一定程度的通货膨胀是可以让人癫狂起舞，失去平时拥有的心态，行为发生扭曲的。

房地产的价格上涨，往往会迅速传递到其他产品的价格上，产生一系列连锁影响。譬如，房价和房租的上涨会推动企业生产经营成本的上升，于是企业生产经营的产品价格就会上涨，因为几乎所有的企业都需要购买房地产或者租用房产用作生产经营的场所。房价和房租的上涨还会推动生活成本的上升，从而许多员工会产生增加工资的要求，这也常常会推动企业产品价格的上升。房地产价格的大幅上涨还会冲击实体经济。譬如，在 2008 年，浙江温州的一个民营企业的企业主就曾经对媒体公开表示，我带领几百名员工辛辛苦苦干一年，结果挣得的利润还不如我爱人在上海投资两处房产一年的利润。我也不想办企业了，想去炒房地产。如果大家都如此，或者都不安心于正常的生产经营活动，实体经济无疑会受到打击。所以，房地产价格的上涨虽然有促进经济增长的一面，但也具有抑制经济增长的一面。而且，房地产的价格上涨幅度越大，对经济增长的抑制作用也会越大。

(五) 通货紧缩效应

在分析了通货膨胀的上述效应后,也许人们会说,既然通胀有许多消极效应,那通货紧缩不是挺好吗? 持续的通货紧缩也会产生诸多消极效应。第一,通货紧缩会造成实际利率的上升,加上物价水平的走低,会使人们产生惜买心理,从而储蓄水平过高,消费水平过低,投资水平也过低,在这种总需求不足中,经济容易衰退。第二,由于工资刚性的存在,通货紧缩中的物价下跌会使企业的实际工资成本提高,利润空间收窄,从而迫使企业削减员工,减少生产,恶化就业状况。第三,由于企业的普遍性的产品滞销,收入状况恶化,会影响到对银行贷款的归还,从而使银行系统产生大面积的坏账,严重时可能诱发金融危机。第四,通货紧缩中,资产价格也会下降,如股票、房产价格大幅下跌。这种资产的缩水会使资产所有者进一步减少消费和投资,从而加剧经济衰退,降低生活水准,并影响到社会稳定。

通货膨胀和通货紧缩都是有害的。维持总体价格水平的稳定或微小幅度的上升才是理想的。

五、谁打开了商品价格的潘多拉魔盒? ——通货膨胀的原因

同许多经济现象一样,通胀的产生原因也不是单一的,而是复杂多样的。经济学家对通胀原因提出了多种解释。

(一) 作为货币现象的通胀

不少经济学家认为,通胀只是一种货币现象,是货币数量的过多造成的。他们认为,中央银行的货币供给行为最终决定着经济社会的通胀率。如果中央银行过多地增加货币发行量,物价就会上涨。如果中央银行能够保持货币量的稳定,则物价水平就会稳定。通胀的产生主要是货币供给增加的结果,通胀始终只是一种货币现象。

(二) 需求拉上型通胀

需求拉上型通胀指的是总需求的增长速度超出了经济潜在生产能力而形成的通胀。

无论是消费、投资还是政府支出等的增加,都可能使总需求出现过度的增长。总需求的过度增长往往伴随着货币数量的增长,因而总是表现为“过多的货币追逐过少的产品”。

还有的经济学家指出,“瓶颈”部门的存在是这类通货膨胀产生的一个重要原因,所谓**瓶颈部门指的是其发展落后于大多数部门和整个经济发展且又与经**

济的总体发展有着密切联系的部门。如一些国家的能源部门(例如,原油、煤炭、天然气等)、粮食生产部门等。由于瓶颈部门的产品满足不了需要而发生价格上扬,并带动总体价格水平上涨。例如,2022 年,由于俄罗斯与乌克兰之间的战争导致俄罗斯输往欧洲的天然气受阻及一些国际供应链中断,欧洲许多国家的物价发生较大幅度上涨。

(三) 成本推动型通胀

有一些通货膨胀(如美国 1955—1957 年的严重通货膨胀)的原因,显然不能用需求过度来解释,因为当时的经济是在生产能力大量闲置的情况下运行的。如果总需求足够大的话,生产能力就不会大量闲置。所以必须从别的方面寻找原因。这样,一些经济学家便转向供给方面寻求解释。

所谓**成本推动型通胀是指在没有超额需求的情况下,由于供给方面成本的提高所引起的通胀。**也称供给冲击的通胀。这里的成本包括工资、原材料、能源等。例如,1973 年的石油价格上涨便导致了美国 1973—1975 年的成本推动型的通胀。

强大的工会有时会导致工资的过快增长。如 1982 年,美国的失业率几乎达到 10%的时候,工资却上升了 5%。工资的增长会引起企业生产成本的增加,从而导致价格水平的上升和成本型通胀。

很多经济学家由此进一步认为,需求拉上型通胀与成本推动型通胀常常难以绝对分开(如瓶颈部门的产品供给小于对其需求而引起的通胀似乎也可归于成本推动型通胀),它们是相互促进、相互推动的。这种相互推动的通胀也被称为**混合通胀。**

(四) 结构型通胀

这是**指由于社会经济结构的特点所引起的通胀。**社会经济结构的特点是,一些部门生产率提高的速度快,另一些部门生产率提高的速度慢;一些行业正在迅速地发展,另一些行业正在渐趋衰落;一些部门收益和利润增长快,另一些部门收益和利润增长慢;等等。但是,那些生产率提高速度慢的部门、那些收益和利润增长慢的部门、那些正在渐趋衰落的行业和部门往往在工资水平和产品价格上要求向别的部门或行业看齐,进行攀比。这种缺乏相应生产成果基础的价格与工资的上涨在越来越多的部门、行业中蔓延开来,就形成结构型通胀。结构型通胀最易产生于经济结构转型中的发展中国家。

(五) 输入型通胀

这是**指国外的通胀通过国际经济传导引起本国的总体价格水平上涨的现象。**通胀的国际经济传导途径主要有:

1. 价格途径

如果世界市场上石油、粮食等特殊产品的价格上涨，大量进口这些产品的国家可能被输入通胀。20 世纪 70 年代世界市场上石油价格的上涨，就导致了美国及欧洲一些发达国家的通胀。石油价格的上涨之所以会引起全社会范围的价格上涨即通货膨胀，是因为作为目前的一种基本能源，它会直接或间接地促使几乎所有产品和服务的生产经营成本提高。粮食等也具有类似的特性。

2. 需求途径

例如，A 国或大多数国家发生了通胀，而 B 国的价格还较低，其他国家就会大量地进口 B 国的产品以满足自己的需求，因为 B 国的产品便宜。这样，在国外的强大需求拉动下，B 国的价格水平也可能上升，导致通胀。

3. 汇率途径①

在固定汇率制度下，外国的通胀将导致其货币贬值，对应地，也就是未发生通胀的 B 国货币有升值倾向。为了维护固定汇率，B 国中央银行就要增加本国货币供给量，这可能导致物价上涨，也就是通胀被输入。

当然，上面对几种主要传导途径的阐释是分开的。现实经济社会中，通胀很可能是通过几种途径同时传导的。在非完全自由贸易条件下，这种传导依然存在，只是传导的力度不同而已。浮动汇率制也不能完全阻止其他途径的传导，如石油价格的上涨。

复习思考题

同步训练

1. 熟悉下列概念

失业	失业率
摩擦性失业	结构性失业
周期性失业	自愿性失业
非自愿性失业	隐性失业

① 此处涉及国际金融知识，读者暂时可以略过。等学习了本书第 11 章或具备了相关的国际金融知识后，再来理解。

自然失业	充分就业
通货膨胀	通货紧缩
通胀率	温和型通胀
奔腾型通胀	超级通胀
预期型通胀	非预期型通胀
显性通胀	隐性通胀

2. 为什么许多进城民工可以找到工作,而一些长期居住和生活在城里的人却失业在家?

3. 对失业的分类有什么意义?

4. 分析预期因素在通货膨胀中的作用。

5. 评论下列争论:

张铁嘴:我觉得将通胀定义为一般价格水平的持续上涨是有问题的,因为“持续”的时间界定很含糊,到底是半年呢,还是一年或两年?你说对不对?

李小嫚:我不同意你的看法。虽然“持续”的时间界定确有含糊处,但应不妨碍人们对它的科学理解。这就像日常生活中的大与小、高与低、厚与薄、胖与瘦等也没有十分明确的数量化界限,但却完全不妨碍人们对它们的使用与把握。人们从不会将一只小猫说成是大型动物。

张铁嘴:如果将通胀定义为价格水平在一年中的持续上涨不是可免去许多理解上的可能歧义吗?

李小嫚:那样只会使歧义更大。比如,我问你,一年差一天即 364 天内的价格上涨是否算通胀呢?363 天内呢?有些事情,适度地模糊化界定才是科学的,如果人为地去追求形式上和表面上的精确化,反而会变得不精确、不科学。

张铁嘴:哟,一段时间不见,你讲话还越来越有哲理性了嘛。我不再跟你纠缠这个问题。现在我问你,你认为对于我们中国来说,相对而言,对付失业与治理通胀,哪一个更重要呢?

李小嫚:对付失业更为重要和紧迫。因为:①失业肯定会降低相当一部分人的收入和生活水平,而通胀中,人们毕竟还有资产升值和投机获利的机会。②我赞同一位经济学家所讲的,通胀面前人人平等,而失业面前,失业者和就业者之间无平等可言。③治理失业会更充分地利用经济资源,促进经济发展,而治理通胀则要压缩总需求,牺牲经济发展速度。我先讲这三点理由,讲多了,你更无法反驳。

张铁嘴:你不要自我感觉太好。我有足够的理由来论证治理通胀更重要。①政府以失业救济金等形式适当补助失业者相对更容易,但难以补助高物价面前的全体民众。②失业不会蔓延，通胀却会不断自我强化、迅速蔓延，所以非下决心治理不可。③通胀中，有人获益多，有人获益少，有人受损大，因此，通胀面前并非人人平等。不治理怎么行？④通胀会直接影响出口和汇率，失业却不会对出口和汇率直接产生消极影响。

我看你现在脸色不太好，照顾一下你的情绪，还有几条理由就暂时不讲了。

李小嫚：我这里有几条理由急着要跳出来反驳你呢！第一，……

第四篇　政府如何调控

市场对经济的调节、对资源的配置不可能是完美无瑕的，这就要求政府有时应进行必要的政策干预，对经济进行一定的调控，以弥补市场调节的不足。政府的经济调控通过微观经济政策和宏观经济政策来进行。

第 10 章　微观经济政策

微观经济政策指的是政府为了解决微观经济问题或主要由微观经济主体带来的经济问题，以及调节微观经济行为而采取的政策措施。它的着眼点和主要目的在于优化市场局部环境、改善某些群体的境况等，而不是调节宏观经济总量。

一、保护风光旖旎的绿水青山——外部性

首先要了解什么是外部性。外部性分为正外部性与负外部性。

（一）正外部性与负外部性

正外部性指的是社会个体的行为在一定范围内产生了影响自身以外的社会有益性。这种情形下，从事该活动的个体一般难以从其他受益的个体那里获得补偿，或者说其他个体或社会并不会为此支出相应的报酬。例如：某企业为了自身运输原材料和产品的方便，组织员工拓宽清理了厂区附近的一段公路，其他社会成员今后也可以免费享受这段公路拓宽清理带来的便利；再如，某企业为了生产而对员工进行技术培训，这些员工本身的素质提高了，对员工及其家庭和全社会都是有益的。

负外部性指的是社会个体的行为在一定范围内产生了影响自身以外的社会有害性。这种情形下，从事该活动的个体往往并没有向受害者支付足够抵偿这种危害的成本或费用。例如，某企业的生产活动造成了污染，使周围居民的利益和周边环境受到了损害。该企业往往并未向周围居民支付足够的补偿费用，未就周边环境的污染承担足够的补偿责任。当然，即使企业被迫进行了补偿，也不能改变造成了污染这一负外部性的客观事实。再例如，晚上聚集在一起开着音响跳舞的人影响了其他人，这也是负外部性。

负外部性常常是市场经济中企业等社会个体追求自身利益最大化的结果，但市场力量本身常常又无法去纠正，这就需要政府的适当干预和调控。

这里要说明的是，诸如智能手机的出现导致了原来生产非智能手机的企业严重亏损甚至倒闭之类的现象不属于负外部性，因为智能手机的发明和批量生

产并没有产生社会有害性。再譬如，一家湘菜馆的开张营业使得附近的一家小吃店被迫关闭，这也不属于负外部性。因为既然湘菜馆受到那么多人的追捧，说明它整体上提高了人们的消费效用，并没有产生社会有害性。

如果一位歌手举办室内演唱会，观众购票进场，这种情形下不存在外部性。但如果一位采茶姑娘边采茶边唱着动听的民歌，给附近的人带来了愉悦感，那么，可以认为这产生了正的外部性。

正外部性与负外部性统称为外部性，也称为外部效应、外溢性。正外部性是应该受到鼓励的，治理外部性实际上指的是治理负外部性。

（二）治理负外部性措施

以治理污染这种典型的负外部性现象为例，政府可采取的主要政策措施有：

① 向企业征收污染费。

② 向减少污染的企业予以一定财政补贴。

③ 征收产量税，约束造成污染的企业的产量和规模。

④ 强制性管理。政府运用立法手段对企业进行制约。

⑤ 政府直接投资，以治理污染。

⑥ 产权的确定和交易。

一般意义上来说，产权是指通过法律程序确定的，个体占有某种财富或资源的权利。美国芝加哥大学教授科斯认为，**如果当事者之间谈判协商的费用即交易成本为零，就可以通过确定产权，由当事人双方就产生的负外部性问题进行协商谈判，最终结果会达到资源的有效率的配置。而且这与产权的初始界定状态无关。科斯的这一观点被称为科斯定理**①。

举例说，假设一条河流的产权一开始被界定为属于渔民，如果河畔的某企业污染了河流，渔民便可以通过谈判、协商要求企业补偿河流污染造成的损失。一方面，只有补偿额大于或等于污染造成的捕鱼损失时，渔民才会同意。如果补偿额大于企业因污染而产生的生产收益时，企业肯定会减少、治理污染甚至停产、转产。另一方面，也只有在补偿额小于或等于企业因排放污水、污物而产生的生产收益时，企业的补偿才是值得的，至少不会利益受损。这种条件下，自愿的交易会使双方的得益总和最大，资源达到有效率的配置。

反过来，如果河流的产权归属于企业，这时河流的污染成本就已经属于个体成本范畴。企业污染自己的河流的机会成本，便是这条河流清洁时，它能为企业

---

① 在此基础上展开的进一步的理论论证表明，在交易成本（譬如交易双方的协商谈判成本等）大于零的条件下，产权的合理界定和交易对于资源配置和经济效率仍具有重要的积极作用。这里不作详细展开分析。

带来的最大收益。譬如，河流清洁时，来此捕鱼的渔民多，对渔民的收费可以高；可以利用风光旖旎的清洁河流开发旅游项目；企业的形象好，来与企业进行生产、技术、销售合作的厂商多；等等。所以，企业为了追求最大收益，会尽可能地利用这条河流，减少对河流的污染和治理污染。

科斯定理的核心是产权的界定、交易及其对于经济个体的行为约束和对社会效率的促进，因而这一定理被广泛地重视和运用。

专栏 10-1　污染权交易与碳金融市场

通过污染权交易的方式来部分代替直接的行政管理，已在不少国家获得认可和实施。例如，美国立法机构于 1990 年通过了清洁空气法案，授权美国环境保护署为每个发电厂确定二氧化硫排放量许可权，排污企业可以相互进行排污权买卖交易。譬如说，如果某个发电厂二氧化硫排放量已经处于规定许可的限制水平以内，它可以把多余的排污权卖给其他企业。根据排污权价格的高低，尚未达到排污限制标准的企业可以依据节省成本原则，选择买进排污权或是安装污染控制设备。1992 年 5 月，田纳西谷地管理局宣布购买了一宗很大数量的污染权，卖家是威斯康星动力照明公司，该公司排污量未达到被许可的最高水平从而拥有多余的排污权。美国芝加哥交易所还建立了排污权交易市场，以利于这一交易的方便进行和降低交易成本。

2001 年 11 月，江苏省南通市的两个企业进行了一次污染权交易，卖方为南通天生港发电有限公司，买方是一家年产值数 10 亿元的大型化工合资企业。卖方以 50 万元的价格有偿转让 1 800 吨二氧化硫的排污权，供买方在今后 6 年内使用。2003 年 1 月中旬，位于江苏省太仓市的太仓港环保发电公司以 340 万元的价格，向南京市下关发电厂购买了为期两年的二氧化硫排污权，单价为每公斤 1 元，购买的排污权为 3 400 吨二氧化硫。随着我国政府对治污的重视，排污权交易在我国得到了较快的发展。

污染权交易运用了市场的调节功能，提高了经济效率，避免或大大减轻了政府直接干预的成本。

污染权交易现在经常被归于碳金融市场。碳金融市场是指服务于旨在减少温室气体排放的各种金融交易的制度安排及在此基础上的交易活动。为了应对全球气候变暖和生态环境的持续性恶化，需要减少温室气体排放，其中二氧化碳是最广为熟知的一种温室气体。目前对于其他温室气体的计量也都统一换算成二氧化碳当量。《京都议定书》对于促成碳金融市场起了决定性作用，因为它规定了碳减排单位和配额单位可以在国家之间实行有偿交易和转让，从而使得碳交易规则得以确立。当然，国家之间的碳交易的基本规则也适用于一国内部的企业之间的碳交易。

碳交易主要是在碳交易所的市场形式中进行。随着碳交易市场的壮大，碳排放权已经进一步发展为具有投资价值和流动性的金融资产。交易对象从碳排放权扩展至碳减排期货、碳减排期权、碳排放信用等环保衍生品。所以，碳交易具有金融交易的完整特征，已经成为金融市场的一个新的组成部分。

目前，全球有影响的碳交易所有：欧盟排放权交易机制(EUETS)、英国排放权交易机制(ETG)、美国的芝加哥气候交易所等。参与碳金融市场交易的除了企业外，各种碳交易基金、商业银行、保险公司、风险投资公司等也涉足其中。

思考与讨论：

请用科斯定理分析材料中的污染权交易。

(三) 绿水青山就是金山银山

当然，即使单就保护环境而言，治理负外部性也并非只是治理污染。为了经济项目建设和其他活动等不惜损害自然环境的行为都属于负外部性。譬如，在缺乏严肃认真的环境评估的条件下，随意严重改变山水的自然形态和土地的自然风貌而带来的水土流失、河流常态水位下降、湿地干涸、植被覆盖率减少、局部地区的土地沙漠化、一些动植物生存和生长环境变差，甚至导致局部地区的气候异样，这些都属于负外部性。

“绿水青山就是金山银山”这一发展理念的核心内涵就是要追求保护自然环境与经济发展的和谐统一。良好的自然环境本身就会产生强大的经济效益和社会效益，就是经济发展的良好资源。譬如，绿水青山蕴含着丰富的旅游资源；绿水青山可以为人类提供安全健康的绿色食品和令人心旷神怡的休憩去处；绿水青山也是未来的经济形态和更文明的经济活动的适配的场所；绿水青山可以保护动植物的多样性，这会为生物医药和其他科学研究提供良好的基础；等等。

保护绿水青山需要全社会的努力，更应该纳入政府治理负外部性的义不容辞的职责范围。

二、高速公路的收费应该提高吗？——公共产品

(一) 公共产品的含义和特征

公共产品是与私人产品相对应的。公共产品的两个基本特征是非竞用

性和非排他性。非竞用性[①]是指，对产品消费的增加不会引起产品成本的任何增加，即消费数量的增加所引起的产品边际成本等于零。例如，对于航标灯来说，增加过往船只的数量并不会额外增加航标灯的运作成本；晚上的路灯下增加一个行人并不会增加路灯的照明运行成本；一个新生婴儿也不会增加作为公共产品的该国国防体系的运行成本。而就私人产品而言，正如在前面许多地方所分析过的那样，增加一个人的消费，就得增加消费品的供给数量，从而企业的总成本会有所增加，即产品的边际成本不会为零。

非排他性是指产品具有消费上的共享性，难以或不可能排除、限制任一消费者对它的消费。例如，航标灯可以由许多过往船只共享其服务功能，人们难以或不能排除过往的船只享用航标灯的服务功能；张三不能阻止或限制李四等人在街道上正常行走并享受路灯的照明；某人无法排除或限制其他人收听无线电台播出的节目；一国的国防体系一旦建立，就不能排斥该国的任何一位公民从中享受安全保障。而就私人产品而言，一个消费者消费某一件商品，其他消费者就不能同时消费这一商品。譬如，某人买了一件衣服穿，其他人就没法穿这件衣服。

由于公共产品的正外部效应和非排他性特点，就出现了所谓**“免费搭车者”**，这是**指没有承担或支付相应成本但却享用和消费公共产品的人。**相应的行为简称为免费搭车。一方面，没有人愿意为消费公共产品而付费，另一方面，生产者难以收费或收费成本太高，从而使得生产成本无法收回，私人和企业一般不愿供给公共产品。所以，公共产品一般由政府来供给。或者说，为了克服市场机制的缺陷，政府必须承担提供或部分提供公共产品的责任。

可见，**公共产品就是指那些具有非竞用性和非排他性，不能完全依靠市场交易实现资源有效配置的产品。**而私人产品则是指那些具有竞用性和排他性，能够通过市场交易达到资源优化配置的产品。

公共产品不仅包括某些物质产品，还体现为一些公共服务和制度安排。

（二）公共产品的分类

公共产品还可以细分为纯公共产品和准公共产品。严格具备非竞用性和非排他性两种特征的产品属于**纯公共产品**，如经济制度、气象预报、路灯等。

只具备有限的非竞用性和有限的非排他性的产品称为**准公共产品**。譬如，教育属于准公共产品。一定范围内增加学生数量不会增加教育体系和教育设施的运行成本，但学生数量超过一定程度后，教育的运行成本也需要增加。在一定

---

① 过去许多教材将非竞用性（nonrivalness）翻译成非竞争性，但那样容易使读者将它作为一般意义上的市场竞争（competition）的反义词来理解。

条件下，可以通过收费只允许交费的学生享受某些级别的学校教育，也就是将不交费的学生排除在某些级别的学校教育之外。再例如，公共博物馆等也属于准公共产品。类似于教育、博物馆、公园等这些服务或设施，由于其社会公益性，对消费活动的收费或其他排他性措施实际上是受到一定制约的，譬如，不能滥收费（或收费不能完全补偿成本），某些级别的学校教育对所有适龄学生是免费开放的；一些博物馆、公园等是免费的（但有时会通过入场券等方式限制参观人数）；博物馆、公园等也不能动辄不开放。所以说，这些产品的非排他性是有限的。对准公共产品的消费者适当收费可以收回或部分收回投资成本，有利于继续供给。

部分准公共产品可以由民间或市场提供，或者由政府与民间共同提供。一般意义上所说的公共产品，包括纯公共产品和准公共产品。

2012 年国庆中秋双节长假期间，全国高速公路免费，高速公路经常被车流堵塞，全国各大旅游景点爆满。有的经济学家认为车流堵塞的原因在于高速公路免费，主张应该在节日长假期间涨价 50%，运用价格杠杆实行调节，并且将增加的收费用于扶贫办学等。有人则认为高速公路属于公共产品，不能简单地动辄采用收费或涨价的办法。可以采用更为灵活的弹性休假制等办法以缓解节日期间高速公路的拥堵。你对上述现象有什么看法？

三、患寡也患过于不平均——收入分配

（一）基尼系数

古人说："不患寡而患不均，不患贫而患不安"。但在现代经济学看来，收入分配问题上是患寡也患过于不平均，也就是既怕收入（财富）少也怕收入（财富）分配过于不平均。收入分配指的是通过工资、利润、投资收益、租金等形式导致的社会收入的分布。

收入分配的过于不平均或过于平均都是不公正的。如果经济社会的收入分配过于不平均（即贫富差距悬殊），也就是出现所谓"有钱的人钱太多，没钱的人人太多"的现象，政府有责任进行适度调节。但首先是要合理判断收入分配的状况。**基尼系数被认为是一个检验社会收入分配的平均程度或不平均程度的技术指标。**

基尼系数是如何计算的呢？它的基本逻辑是通过观察占总人口一定比例的人口拥有的收入占总收入的多少比例。譬如，占总人口 20% 的人口拥有的收入占总收入的 70%，或者占总人口 75% 的人口拥有的收入仅占总收入的 13%，那

都说明收入分配很不平均、很不公正。

这里举个简单的例子来说，按不同地区、不同职业、不同年龄随机选取 100 个人进行抽样调查，计算每一个人的收入在 100 人的总收入中所占的比率，然后进行相应的数学技术处理，得到一个系数。这就是高度概括的基尼系数计算的基本原理。当然，如果计算一个国家居民的基尼系数，样本数量不能只是 100 人。如果以 g 代表基尼系数，一般地，$0<g<1$。基尼系数越大，说明收入分配越不平均；基尼系数越小，说明收入分配越平均。

据经济学家钱纳里等人在 1970 年代初的计算，收入分配高度不均的国家，其基尼系数在 0.5～0.7 之间；收入分配相对平均的国家，其基尼系数在 0.2～0.35 之间。

一般认为，0.4 是基尼系数的警戒线，超过 0.4 就说明收入不均现象较为严重。

据世界银行测算，1967 年，中国城镇居民个人收入基尼系数为 0.15，这在全世界范围内都是低水平，说明中国当时的平均主义非常严重。在改革开放之初的 1980 年，基尼系数为 0.33。现在的基尼系数一般被认为超过 0.4。

基尼系数可以检验一个经济社会的收入分配的不平均程度，也可以检验一项相关政策是促进了国民收入分配的公正还是加剧了收入分配的不平均。

（二）政策内容

在市场经济运行中，无论是个人还是企业或社会团体，具有的能力和面临的机遇等都是有差异的，通过市场进行的收入分配（或者说每一个体赚取的收入）难免不平均甚至很不平均。市场本身也无法去矫正，需要政府进行必要的调控。

消除、缓和收入分配过于不平均或收入分配不公正的政策主要有：

征收累进所得税、遗产税等；健全社会保障体系，支付失业救济金、养老金、抚恤金等各种津贴、困难补助；制定“最低工资”法案，确定工资的最低界限；减免来自贫困家庭的学生的学费；对贫困群体给予免费技术培训；面向低于一定收入水平的低收入家庭建造和出售低价格住房或提供所谓的经济廉租房；资助贫困地区，在贫困地区加大投资；对贫困群体的创业活动给予税收优惠和其他各种支持；等等。

微观经济政策还包括政府的反垄断政策（这在前面第 4 章对完全垄断市场的分析时已经穿插阐释过了），公共信息发布政策（即发布关于某些重要产品、某些行业的权威信息，以缓解相关的信息不对称）等。

复习思考题

同步训练

1. 熟悉下列概念。

外部性	正外部性	负外部性	科斯定理
基尼系数	公共产品	免费搭车	纯公共产品
准公共产品			

2. “既然污染具有负外部性，应采取措施将污染降至零。”请分析这种主张正确与否。

3. 举例说明现实社会中的某些产品分别属于纯公共产品和准公共产品。

4. 试分析免费搭车的社会利弊。

5. 收入分配过于平均或过于不平均分别会产生怎样的社会消极效应？

第 11 章 宏观经济政策

宏观经济政策主要包括财政政策与货币政策，政府通过它们对总需求与总供给的失衡进行调节，对整个国民经济进行必要的调控。

一、“铁公机”建设——财政政策

财政政策指的是政府通过调整、改变财政收入与支出来影响宏观经济，以使其达到理想状态的一种宏观经济调节政策。政府的财政收入包括政府税收及其他非税收入[①]，财政支出的内容也非常多，如公共工程建设支出、社会福利支出、国防支出、国债利息支出、公共教育支出、科研经费支出等。但财政支出的方式主要有两种：一是政府购买，二是政府转移支付。如公共工程建设支出、国防支出等一般体现为政府购买；而社会福利支出、国债利息支出等则体现为政府转移支付。

（一）相机抉择的财政政策

这种政策由凯恩斯主义提出和倡导，因而也被称为凯恩斯主义财政政策。它要求政府在不同的经济形势下，选择相应的财政政策，积极主动地改变财政收支，以影响总需求和宏观经济。原则是要逆经济波动的风向行事，即总需求过大时，通过政策实施压缩总需求；总需求过小时，通过政策实施扩大总需求。

1. 政策手段

（1）改变政府购买水平。

在总需求过小[②]、失业增多甚至经济萧条时，政府主动扩大对商品和劳务的购买（当然也包括了扩大政府投资）。如政府花巨资建设铁路、高速公路、大型水利设施、大型电站；增加国防开支和办公用品的开支等，以刺激总需求。

一般而言，旨在刺激总需求或刺激经济的增加政府购买行为不应体现为增

---

① 例如，我国的政府非税收入目前包括行政事业性收费收入、国有资本经营收入、国有资源（资产）有偿使用收入、国有土地使用权出让金收入等。具体可参见我国财政部网站发布的每年的全国财政收支情况。

② 媒体也常将总需求过小从另一方面表述为产能过剩。

加政府对竞争性行业领域的直接投资，而是应主要体现为政府增加对基础设施、公共产品的投资或财政投入。如我国政府前些年为了刺激总需求对所谓“铁公机”（高铁、高速公路、机场）的巨额投资。当然，“铁公机”的说法是一个高度概括性的统称，实际上包括整个国民经济基础设施和公共产品。

相反，在总需求过大甚至通货膨胀时，政府减少对商品和劳务的购买，以压缩总需求。

（2）改变政府转移支付水平。

在总需求过小、失业增多时，政府增加失业救济金、养老金、抚恤金、困难补助等社会福利开支，提高转移支付水平，以提高人们的可支配收入，从而增加和刺激总需求。相反，在总需求过大时，政府减少转移支付，以压缩总需求。

（3）改变税率。

在总需求过小时，政府降低税率、减少税收，让个人和企业有更多的可支配收入，从而刺激个人和企业增加消费与投资的积极性，扩大总需求。相反，在总需求过大时，政府提高税率、增加税收，从而压缩总需求。

以上叙述的旨在扩大总需求的财政政策也被称为扩张性财政政策①，旨在压缩总需求的财政政策也被称为紧缩性财政政策。

2. 财政赤字与财政盈余

如上所述，在总需求过小时，政府采取以增加支出、减少收入（税收）为特征的扩张性财政政策，这将产生财政赤字，如某年的财政收入为 2 000 亿元，财政支出却高达 2 300 亿元，则该年的财政赤字便为 300 亿元。相反，在总需求过大时，政府采取以减少支出、增加收入为特征的紧缩性财政策，这将产生财政盈余。

现代经济学认为，不能机械地用传统的年度平衡预算原则来对待和处理财政赤字与财政盈余。因为如果要求每个财政年度的收支平衡，则只会加剧经济的波动。如经济萧条时期，税收必然会随国民收入的减少而减少，如果坚持年度平衡预算原则，那只有减少支出或提高税率（即减少总需求），其结果会加重萧条；通胀时期，税收必然会随国民收入的增加而增加，为了减少和消除盈余，那只有增加支出或降低税率（即增加总需求），其结果会加重通胀。

如果财政赤字是源于反经济衰退和萧条，财政盈余是源于反通胀（盈余或赤字也有可能源于经济本身的周期性波动，如通胀期因国民收入的增加而使税收增加，形成盈余），则应对一定时期和一定规模内的赤字与盈余持容忍态度。财

① 媒体上常有“刺激内需”的说法。总需求包括国内需求与国外需求，国内需求（简称内需）包括国内的消费、投资和政府购买，国外需求体现为净出口。在进口既定的条件下，净出口被认为取决于国外的经济状况和收入水平，是国内宏观经济政策所无法左右的。国内宏观经济政策只能调节和影响内需。在这个意义上说，刺激总需求实际上也就是刺激内需。

政赤字总比经济衰退及与此相伴的大量失业要好，而财政盈余总比通胀要好。

财政赤字如何弥补呢？譬如说，在财政收入只有 2 000 亿元的条件下，如果往年没有财政盈余结存，要支出 2 300 亿元，那 300 亿元的资金缺口如何补上呢？或者说，那 300 亿元的资金从哪里筹集呢？

弥补财政赤字的途径无非有：

(1) 出售政府资产；

(2) 向中央银行借债，这实际上是中央银行增发货币，这可称为货币筹资；

(3) 向国内公众或外国发行公债(国债)，这可称为债务融资。

由于可供出售的政府资产是有限的，因而第一种途径不可能经常采用。第二种途径的操作空间也是存在制约的，因为它容易引发通胀。第三种途径是常被采用的。所以，财政赤字与国债常常联系在一起。但如果国债规模过大、偿债期过于集中的话，会引起人们对政府偿债能力的怀疑及其他社会问题。一国的国债余额占 GDP 的比率称为国债负担率，国际上一般将 60% 的国债负担率设为警戒线，作为政府债务风险控制的标准参考值。财政赤字占 GDP 的比率称为财政赤字率，国际上一般认为以不超过 3% 为宜。

3. 政策局限性

相机抉择的财政政策虽能有效地调节宏观经济活动水平，但也有其局限性。

从财政收入政策来看：

(1) 增税不仅是一个经济问题，而且是一个敏感的社会问题甚至政治问题。增税在现实社会中总是会遇到很大的阻力。而且增税很可能造成政府机构的庞大化，带来经济资源的浪费和政府对经济的不恰当干预的扩大。

(2) 经济衰退时期的减税不一定使公众增加消费和投资，因为这时的物价看跌，人们往往持币观望或将少纳税的收入用于储蓄。

(3) 税率和税收的变动，一般要经过复杂的批准程序(如在美国要经过国会批准)，这可能错过政策实施的最佳时机。

从财政支出政策来看：

(1) 政府如果减少转移支付，将会面临社会公众的强大压力而使政策变形。

(2) 政府增加转移支付也不一定能使公众增加消费，因为经济衰退时期物价看跌。

(3) 政府如果要减少对大公司产品的购买，也将面临大公司强大的宣传、公关和游说活动的考验。

(4) 政府增加购买和增加投资，不仅投资的效率有时不能得到保证，而且容易挤占民间投资的机会，破坏市场公平。大规模的政府投资还容易带来通货膨胀的后遗症。

在1929—1933年的波及全球的经济大危机(一般称三十年代大萧条)以前,经济学界占统治地位的理论是主张经济自由主义的。三十年代的经济大萧条,使英国经济学家凯恩斯目睹了市场调节机制的局限性,第一次世界大战后的经济重建和美国的罗斯福新政也显示了政府在经济社会中的新的作用。凯恩斯于1936年出版了鸿篇巨著《就业、利息和货币通论》(简称《通论》),从理论上系统地论述了市场自由调节机制的局限性和政府经济干预的必要性,以及政府干预的政策手段。《通论》无论是在研究方法、理论观点还是政策主张上,都使经济学发生了革命性变化。《通论》的出版被认为是经济学上的"凯恩斯革命"。国外有人甚至将它誉为一场像"哥白尼在天文学上,达尔文在生物学上,爱因斯坦在物理学上一样的革命"。《通论》的出版也标志着现代宏观经济学的诞生。凯恩斯和他的理论追随者的思想被称为凯恩斯主义。

西方学术界还有人认为人类经济思想史上有三位影响巨大的经济学家,相应地有三本影响巨大的经济学著作,这就是:亚当·斯密及其《国富论》、马克思及其《资本论》、凯恩斯及其《通论》。

作为现代宏观经济学的奠基人,凯恩斯对经济学的贡献无疑是巨大的。但他的理论和研究方法后来也受到许多自由主义经济学家的质疑和批评。

凯恩斯对经济问题的分析主要是短期分析,他有一句名言:"从长远看,我们都已死去。"哈佛大学著名历史学教授尼尔·弗格森在2013年5月初的一次演讲的问答环节中讲,凯恩斯之所以这么说,是因为凯恩斯没有孩子,他的经济理论不太关心后辈的命运。

弗格森的这番话引起了轩然大波,受到很多人的批评。随后,弗格森公开道歉:"我说了一些关于凯恩斯的蠢话。首先,显然没有孩子的人也关心后辈。其次,我忘记了凯恩斯的妻子莉迪亚曾经流产。"但弗格森很快又为自己辩解,认为不能说这些与历史地理解凯恩斯毫不相干。

(二) 供给学派的财政政策

与相机抉择的财政政策相抗衡的一种较具代表性的政策是供给学派提出的财政政策。供给学派是20世纪70年代后期在美国兴起的一个曾经很有实际影响力的经济学流派。该学派认为,凯恩斯主义的相机抉择的财政政策只强调对总需求的调节是错误的,当时美国经济问题的根源不在需求方面,而是在供给方面,由于缺乏利益刺激,导致供给不足。而利益刺激减弱的主要原因,在于政府的高税收政策。因而,它提出的财政政策的主要内容为:

1. 降低税率、减少税收

供给学派认为,高税率严重挫伤人们的劳动热情和企业的生产积极性,使人们的可支配收入减少，缩减了投资与储蓄。储蓄的下降又抬高了利率，从而使生产成本提高，物价上涨，降低了美国产品在国际市场上的竞争力。高税率还导致逃税严重，地下经济兴旺，等等。因而，高税率实际上导致政府的税收总额减少。供给学派的重要成员拉弗提出的**拉弗曲线**便反映了税收与税率之间的这种关系，如图 11-1 所示。

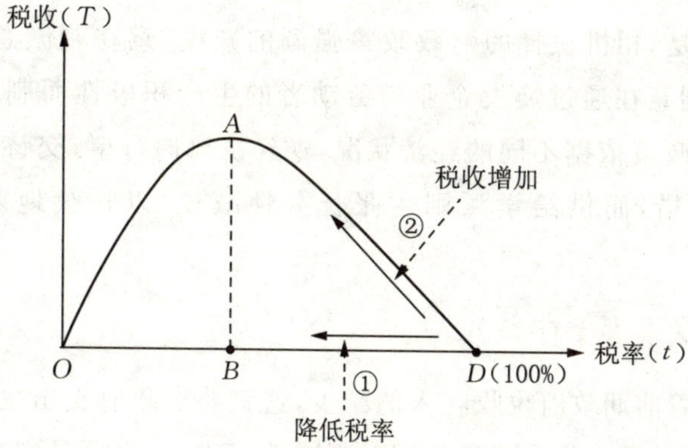

图 11-1　拉弗曲线

图 11-1 横轴代表税率，纵轴代表税收。当税率(t)为 0 时，政府的税收(T)也为 0。起初税率提高时，税收随着提高，税率为 B 时，税收达到最大值。然后税率继续提高，高税率使经济受挫，税基减少，从而税收不升反降。理论上当税率到达 D 点(100%)时，无人劳动，无企业生产，这时税收为零。AB 线以右的区域被称为税率禁区。供给学派认为，当时美国的税率已进入禁区，这时降低税率会刺激经济，增大税基，从而税收总额不降反升。所以，供给学派主张大幅度降低税率，减少税收①。

1974 年 12 月的一天晚上，一群人在美国首都华盛顿的一家名叫"双洲"的餐厅里聚餐并高谈阔论。这是一家古老而气派的餐厅，坐落在宾州大道上，与美国财政部大楼相对，跟白宫只隔着一栋建筑。参加聚餐的人中，有《华尔街日报》社论版副主编瓦尼斯基、白宫办公厅主任拉姆斯菲尔德(后来曾出任美国国防部长)和他的助手切尼(后来曾出任美国副总统)，以及南加利福尼亚大学经济学教师拉弗博士等人。大家在谈论当时非常热门的增税还是减税的问题。年仅 34 岁的拉弗认为应该减税，情急之下，他从口袋里掏出一支圆珠笔，随手在一张餐巾纸上画了一条曲线，用来直观地说明税率和税收

① 减税一般总是首先表现为降低税率和取消某些税种等，这必然带来减税前期若干年份的政府税收减少，但供给学派认为，随着减税使得经济活力恢复，一段时期以后，政府的税收收入不仅不会减少，还会增加。所以，"减税"只是一种政策措施，并非对未来结果的描述。

之间的关系。拉弗后来在许多场合积极地宣传这条当时可能是不经意画出的曲线。这条曲线就是拉弗曲线。拉弗曲线后来还曾被人戏称为"餐巾纸上的经济学"。

供给学派的减税主张还包括免除企业研究发展费用的税收、降低股息所得税率等。

需说明的是,相机抉择的财政政策强调的减税,意在刺激总需求,而供给学派的减税,则意在通过焕发企业与劳动者的生产积极性而刺激总供给。相机抉择的财政政策依据不同的经济状况,逆经济风向行事,交替采用减税与增税的权宜性举措,而供给学派则主张长久性减税,以长久地刺激和增加总供给。

2. 削减政府转移支付

减税意味着前期政府税收收入的减少,这就要求政府支出也应该相应地减少。所以,供给学派主张在减税的同时削减政府支出,主要是削减转移支付,即社会福利支出。因为大规模的社会福利支出提高了对政府税收的要求,而且助长了人们的懒惰思想,鼓励人们失业。高税收还带来了政府机构的庞大化,高税收是庞大的政府机构运行的财务基础。

减少转移支付和社会福利支出后,可以降低失业率,使人们恢复勤奋工作,提高生产效率。减税还可以迫使政府机构消肿,进而减少政府对经济的干预,使经济体系在经济自由中更有效率地运行。

美国前总统里根在两届任期内(1981—1989 年),很大程度上实行了供给学派的政策主张。里根执政的 8 年,是第二次世界大战以后美国历史上较长的经济稳定增长时期之一。但也有经济学家认为,这与美国的经济周期运行有关,不能完全归因于供给学派的理论与政策。减税对供给的刺激作用是有限的,减税的直接作用是扩大总需求。

二、中央银行的呼风唤雨——货币政策

货币政策指的是中央银行[①]通过调节和改变货币供给量,以影响利率和国民收入的一种宏观经济政策。为了充分地理解货币政策,了解商业银行的法定准备金制度和货币创造机制是必要的。

---

① 中央银行(简称央行)是政府组建的一国最高货币管理机构。我国的中央银行是中国人民银行,在美国是联邦储备局(简称美联储),在英国是英格兰银行,在日本是日本银行。欧洲的情况有些特殊,为了适应欧元的发行、流通和负责欧盟欧元区的金融与货币政策,1998 年设立了欧洲央行。

(一) 法定准备金与货币创造

1. 法定准备金

商业银行[①]从储户那里吸收存款，并用于放贷和投资。但储户因现金需要会经常来提取存款，因此商业银行必须保留一定比例的现金。如果商业银行为了获取尽可能多的放贷利息，过多地将资金贷放出去，就可能会出现储户前来提款而银行却无现金可提的情况，一旦这种现象发生，人们立刻会怀疑该银行的资产状况和信誉，从而引发"挤兑"风潮。银行不可能马上收回贷放出去的资金，因而可能会迫使该银行倒闭。在现代社会里，整个金融机构连成一体，一家银行尤其是大银行的倒闭往往会引发连锁反应。

为了保障储户的存款安全和整个金融体系的良好秩序，并有效地控制货币供给量，中央银行通过规定法定准备金率强制性要求商业银行必须保留最低限度的现金。**法定准备金率是中央银行依据法律授权规定的商业银行必须保留的最低限度的现金占其吸纳的全部存款的比率。按法定准备金率提留的现金就是法定准备金。**法定准备金率也常被称为存款准备金率。现代商业银行的法定准备金存入中央银行。除法定准备金外，商业银行还常保留一小部分库存现金以应付日常的零星提款需要。

大多数国家的中央银行对商业银行存入的法定准备金是支付利息给商业银行的。

银行保留的总的现金中超过法定准备金的部分称为超额准备金，超额准备金是可以被贷放出去的，但由于找不到合适的放贷对象和出于金融安全性考虑等原因暂时未贷放出去。在我国，央行对于金融机构存放在央行的超额准备金也是支付利息的。中央银行会根据需要变动法定准备金率和超额准备金利率。

2. 存款创造机制

首先来剖析商业银行的存款创造机制。商业银行的存款创造表现为银行系统在法定准备金率下，通过一系列存贷关系，导致存款总额增加。下面举例来说明。

中央银行在公开市场业务中向 A 买进国债 100 万元，A 将这 100 万元存入工商银行，则银行系统就因此增加了 100 万元的存款。如果法定准备金率为 20%，工商银行则可以将 80 万元资金贷放出去(暂不考虑超额准备金因素)。

假设工商银行将这 80 万元贷放给企业 B。企业 B 向企业 C 购买了 80 万元

---

① 商业银行是经营货币信贷等业务的特殊企业。它的主要业务是吸收和归集存款，然后贷放给企业和其他货币需求主体。贷款利率比存款利率要高，商业银行从中赚取利差。商业银行也从事投资等其他业务，如购买有价证券以获取利息等收入。商业银行得名是因为早先向银行借款的人都经营商业。我国目前的商业银行有中国工商银行、中国银行、招商银行、浦东发展银行等。

的原材料，企业B将工商银行开出的80万元的支票交给企业C，企业C将这张支票转入自己在建设银行的存款账户上。于是，建设银行的存款增加了80万元，也就是整个银行系统又增加了存款80万元①。

建设银行又可以将64万元的资金贷放给企业D，在类似上述的关系中，这64万元又转入招商银行这一过程继续进行下去，最后的存款额趋于0。则整个银行体系由初始的100万元的存款引致的存款总额为（运用无穷等比级数之和的公式）：

$$100+100\times(1-20\%)+100\times(1-20\%)^2+\cdots\cdots$$
$$=\frac{100}{1-(1-20\%)}=500(\text{万元})$$

可见，商业银行的存款创造表现为商业银行不断地将存款转化为贷款，而贷款又派生存款的连续过程。

3. 存款乘数

存款乘数是指初始存款所引致的银行系统存款总额的增加倍数。上例中，初始存款为100万元，导致银行系统增加的存款总额为500万元，即存款乘数为5。如果以K_D代表存款乘数，S_n代表存款总额，a代表初始存款，r_d代表法定准备金率，通过数学推导（推导过程从略），可以得到：

$$K_D=\frac{S_n}{a}=\frac{1}{r_d}$$

也就是，存款乘数与法定准备金率负相关，法定准备金率越高，存款乘数就越小；反之则越大。上式没有考虑超额准备金等因素，如果将它们考虑进来，存款乘数要小一些，但乘数还是存在的。

应该注意的是，商业银行虽然通过存贷关系可以创造存款，却不能够创造真实财富。以上例子中的任何一个企业在获得贷款的同时，也承担了相应的债务，商业银行在获得存款的同时，也须承担相应债务。它们并未比过去更富有。当然，存贷款的增加为财富增加创造了条件。

4. 货币乘数

在以上讨论的基础上，再来分析货币乘数。由上可推知，如果非银行部门（个人、企业和社会团体等）减少其持有的现金，并将它存入银行，便会为存款扩张和货币创造提供基础。我们**将商业银行的准备金总额（包括法定的和超额的）**

---

① 即使上述过程中的企业C不将支票转入建设银行，而是仍然存入自己在工商银行的账户中，那么工商银行因此增加了存款80万元，也意味着整个银行系统又增加了存款80万元。这不影响关于存款创造的结论。

加上非银行部门持有的现金称为基础货币。基础货币可以被理解为中央银行通过各种金融工具和渠道投放出来的货币总量，它是存款扩张和货币创造的起始基础。这些货币一部分作为商业银行的准备金存放在中央银行，一部分体现为非银行部门持有的现金（或称流通的现金）。银行系统形式上的库存现金和逗留现金，在统计技术处理上算作超额准备金的一部分。

货币乘数就是基础货币创造货币供给的倍数。它表示中央银行投放出来的货币可以创造多少倍的货币供给。商业银行存放在中央银行的准备金虽然不参与货币的创造，但它是衡量货币乘数的基数的构成部分。而且，中央银行可以通过变动法定准备金率和超额准备金在央行的存款利率将一部分准备金投入或退出货币供给的创造。银行体系具有一种奇妙的机制和功能，使得基础货币具有使货币供给量成倍放大或成倍缩小的高度能力。

货币乘数的公式及其推导过程在这里省略不论。它与存款乘数相类似但不完全相同，衡量基础货币可以带来的货币供给量的变动倍数。货币乘数与法定准备金率负相关。

中央银行可以通过调节基础货币量和法定准备金率来影响货币供给量。

须强调指出的是，银行存款的减少或基础货币量的减少也会导致银行系统存款总额或货币供给量的成倍减少。

一位母亲带着五六岁的女儿去银行办理业务。母亲问女儿“知不知道银行是干什么的?”女儿天真地回答说，“银行就是钱生钱、钱变钱的地方，把 100 元钱放进去，就可以变出 500 元、600 元来。”母亲笑着说，“变不了那么多，按现在的利率算，把 100 元钱存进去，一年以后，可能只会变出 103 元左右出来。”女儿又问，“是不是变出来的钱被别人拿去用了呢?”母亲说，“那怎么可能呢?”请问天真的小女孩的话错了吗? 母亲的话是对的吗?

（二）货币政策工具

一般性的货币政策工具主要有三项：

1. 公开市场业务

这是指中央银行在证券市场上买进或卖出政府债券，以调节货币供给量，进而调节宏观经济活动水平的政策行为。

若中央银行在证券市场上买进政府债券，意味着中央银行投放基础货币，售出债券的个人和企业将货币存入银行，并通过货币乘数带来货币供给量的成倍增加。如果售出债券的是商业银行，则商业银行的准备金和可贷放资金会增加。中央银行买进债券的行为导致货币供给量增加，从而会促使市场的均衡利率下降，间接地促进消费和投资的扩张。

若中央银行在证券市场上卖出政府债券，会导致基础货币减少，并引起货币供给量成倍减少，促使市场均衡利率提高。

公开市场业务是中央银行控制货币供给量的常用政策工具。该政策工具操作简单、灵活。一个证券交易日内都可操作许多次。而且短时内可迅速地变买进为卖出债券，或变卖出为买进债券。如果卖出太多了，可很快买回一部分债券，迅速纠错。

公开市场业务还是与利率调节联系在一起的。在利率市场化的金融发达国家，中央银行主要就是通过公开市场业务来调节货币供给，以便达到和实现其制定的基准利率目标。

就利率来说，如果总需求不足，中央银行可以通过降低利率的办法以鼓励企业增加申请贷款，促进企业投资和民间消费，进而增加总需求①。这种行为也称为**降息**。当然，贷款利率降低的同时，存款利率常常也会有所下降，这样企业和个人可能会减少储蓄，增加投资和消费，这也有助于增加总需求。反之，如果总需求过大，中央银行可以通过提高利率的办法以抑制和减少贷款，进而减少总需求。这种行为也称为**加息**。而存款利率的提高，则会促使企业和个人增加储蓄，减少投资和消费，从而也有助于减少总需求。

当然，严格地讲，中央银行调整的是金融市场的基准利率。**基准利率是金融市场上具有普遍参照作用的利率**，其他利率水平或金融资产价格均受到这一基准利率水平的影响。

专栏 11-1 基准利率

货币市场利率体现为许多种货币工具的利率，不是单一的。目前包括同业拆借利率、商业票据利率、国债回购利率、国债现货利率等②。但它们都受到基准利率的影响。

一般认为，美国的基准利率就是联邦基金利率，它是指美国同业拆借市场的利率，最主要是指隔夜拆借利率。它不仅直接反映货币市场最短期的价格变化，

① 在利率下降后，为什么企业会增加申请贷款或者增加投资呢？因为利率下降后，企业的资金成本随之下降了，也就是企业的生产经营成本下降了。企业当然会增加申请贷款或者增加投资，即增加总需求和增加产量，从而带动经济增长。利率提高后的影响与此相反。利率变动对消费的影响也与此类似。

② 对于各种货币工具及其利率的详细介绍，将会在相关的金融类课程中进行。

是美国经济最敏感的利率，也是美联储的政策性利率指标。

联邦基金利率是美国央行在执行货币政策过程中最重要的操作目标。在作出加息或减息的政策决定后，美国央行并不是直接调整联邦基金利率，而是通过在公开市场买卖政府债券，调节金融机构的超额储备规模，影响联邦基金利率水平并使其达到预定的目标，从而使金融机构对企业贷款以及它们相互借贷时的实际利率向预定的利率目标水平靠拢①。

联邦基金利率的变动能够敏感地反映银行之间资金的余缺，影响到整个金融行业的利率水平，如各种存款、贷款乃至信用卡欠款的利率等，改变个人、企业和金融机构的经济行为，进而影响消费、投资和国民经济。

中国的基准利率目前可视为上海银行间同业拆放利率(Shanghai interbank offered rate，简称 Shibor)。它以位于上海的全国银行间同业拆借中心为技术平台计算、发布并命名，是由信用等级较高的银行组成报价团自主报出的人民币同业拆出利率计算确定的算术平均利率，是单利、无担保、批发性利率。目前，对社会公布的 Shibor 品种包括隔夜、1 周、2 周、1 个月、3 个月、6 个月、9 个月及 1 年。上海银行间同业拆放利率的信息发布网址为 http://www.shibor.org。

（资料来源：费杨生.基准利率：货币市场中枢神经[EB/OL]. (2006-12-01)[2022-10-15]. http://finance.sina.com.cn/stock/t/20061201/05391073131.shtml?from=wap.）

思考与讨论：

请分析调整基准利率的影响。

调整利率的幅度常用基点(basis point，BP)来表示。如将贷款利率从 7.02%提高到 7.29%，意味着利率提高了 27 个基点②。

专栏 11-2　量化宽松与缩表

现在的财经媒体在报道一些国家的宏观货币政策时，经常提到“量化宽松”“缩表”等名词。

---

① 虽然媒体经常报道的“加息”“降息”等让人觉得利率调节似乎是一个重要的货币政策工具。但许多教科书并不将利率作为货币政策的一个单独的工具进行介绍，因为利率政策可以被认为是包含在公开市场业务的政策工具或政策手段中。

② 注意利率的基点与汇率等是有所不同的。按市场惯例，人民币与美元汇率的标价通常由 5 位有效数字组成，如 1 美元兑 7.572 0 元人民币变为 1 美元兑 7.569 2 元，则意味着人民币对美元的汇价上升了 28 个基点。

量化宽松(Quantitative Easing,简称 QE)是一个比较年轻的经济学名词,最早在 2001 年由日本央行提出。它主要是指中央银行在已经很低的利率水平无法继续降低利率或利率政策手段作用非常有限时,通过购买国债、抵押贷款资产支持证券(MBS)等中长期债券(后来甚至延伸到一些公司债券等),增加货币供给量,向市场注入大量流动性资金的干预方式,以鼓励借贷和投资、消费。其中的量化指的是将会创造指定金额的货币,宽松指的是缓解市场的资金压力。与央行在普通的公开市场业务操作中对短期政府债券所进行的日常交易相比较,量化宽松政策所涉及的债券不仅金额要庞大很多,而且周期也较长。美联储分别于 2008 年 11 月、2010 年 11 月、2012 年 9 月、2012 年 12 月启动了四轮量化宽松政策(分别称为 QE1、QE2、QE3 和 QE4)。量化宽松虽然被视为变相印钞,但严格来说与印钞还是有区别的。它只需要央行在其资产负债表的两端,造出数量相等的资产和负债,整个过程只涉及会计处理和记账,完全不需要真的印制纸币。

缩表就是央行缩减其资产负债表的规模。以美联储为例,它先前在量化宽松中购买了大量的市场上的债券,这些债券都进入了美联储资产负债表中的资产部分,它购买债券花出去的钱则构成了美联储资产负债表中的负债部分。缩表就是将部分或大部分持有的债券出售,实现对流通货币的直接回收;或者等到持有的债券自然到期,不再购买新的债券。这样的话,央行资产负债表的规模都会缩减。加息只是提高了资金的借贷成本,并没有减少市场上可供使用的资金数量。而缩表是很快地实实在在地减少了市场上可供使用的资金数量,是更为激烈的货币收缩。

与缩表相反的做法也称为扩表①。

思考与讨论:

请分析量化宽松与缩表的影响。

---

2. 再贴现率

简单地说,可以将再贴现率理解为商业银行向中央银行借款时支付的利率,或者说是中央银行向商业银行的贷款利率。

企业等资金需求方常常将未到期的商业票据②转让给商业银行,银行据此

① 财经媒体上常常有一些新的经济名词、概念或表述,除了量化宽松、缩表等,还有诸如去产能、去库存、去杠杆、刚兑等。它们有的内容其实在经济学教科书上已经有基本性的论述,有的是对特定条件下新出现的经济问题的概括,有的则是具体的市场细分领域的微观经济现象。它们的含义在相关文献中都可以检索到。

② 对各种票据及其业务流程的介绍,可参看《货币银行学》及会计类教材。

便取得了票据到期时的资金所有权。银行在这种票据的转让中，将资金付给对方。但由于票据未到期，不能马上变现，所以银行不会以票据所含资金权的全额资金付给对方，而必须作一定的扣除。这种金融行为就是票据的贴现，或简称贴现。譬如，A 企业以一张 100 万元的票据要求银行贴现，银行给其贴现额是 90 万元。那么贴现率便是：(100－90)÷100×100%＝10%①。如果商业银行再以这些未到期的票据向中央银行要求贴现(也可理解为商业银行将票据转让给中央银行以获得可用于放贷的资金)，这便是再贴现。相应地，也会有再贴现率。但随着银行业务活动的演变，现在不少国家的再贴现更多的是商业银行以自己持有的政府债券和商业票据(主要是政府债券)作抵押向中央银行借款。所以，可以将再贴现率简单地理解为中央银行向商业银行的贷款利率。再贴现率有时也被简称为贴现率。

若中央银行降低再贴现率，将鼓励商业银行向中央银行通过再贴现的方式借款，从而增加商业银行的准备金和可贷放资金，导致货币供给增加。反之，中央银行提高再贴现率，则会减少货币供给。

但是，这一政策工具有较大的局限性。因为它不是一个主动性的政策，如果商业银行不向中央银行借款，这一政策就无从执行。对于短期资金周转的不足，商业银行可以通过同业拆借市场作暂时性弥补，即向短期资金丰裕的其他商业银行借入，不一定非向中央银行借入。所以，调整再贴现率的手段并不常用，调整本身也更多的是一种象征意义。如中央银行提高再贴现率时，意味着发出政策紧缩的信号，反之，意味着发出政策扩张的信号。

3. 法定准备金率

中央银行如果降低法定准备金率，各商业银行就增加了可用于贷款的货币量，并将通过存款乘数成倍地扩大货币供给。而且，法定准备金率的降低还会使货币乘数本身增大。反之，中央银行如果提高法定准备金率，则会导致货币供给的减少。

在商业银行等金融机构接受的存款与放出的贷款大体相等，从而可用于进一步放贷的资金量有限(即流动性有限)的条件下，这一政策手段由于会改变所有金融机构可贷放的资金量，作用就显得很猛烈。尤其是提高法定准备金率，容易导致存款额较少的中小银行经营困难甚至破产。所以许多国家的中央银行这时一般不轻易采用这一政策工具。但如果金融机构接受的存款大

① 这只是一种基本的计算公式，实际业务中，还要考虑时间因素。如 2 个月后到期的票据与 5 个月后到期的票据在贴现时的贴现率肯定是不同的。贴现率的本质含义表现为将未来货币值折算为现值的比率。

大超过放出的贷款，从而可贷放的资金量非常充裕（即流动性过剩）的条件下，提高法定准备金率的实质性意义和市场冲击力就不大，更多的只是具有政策象征意义。

上述的凡是旨在通过增加货币供给、降低利率，以刺激总需求的政策属于扩张性货币政策，一般在总需求较小时采用。凡是旨在通过减少货币供给、提高利率，以压缩总需求的政策属于紧缩性货币政策，一般在总需求较大或通胀期间采用。扩张性货币政策也常被称为放松银根（“银根”泛指货币供给），紧缩性货币政策也常被称为紧缩银根或抽紧银根①。

除了上述三项主要的、一般性的政策工具和政策手段外，中央银行还常采用道义劝告这一次要的政策手段。这是指中央银行以口头或书面等方式，劝告商业银行扩大或收缩贷款。道义劝告虽然不是硬性约束，但通常也有一定效果，因为商业银行在日常业务经营方面对中央银行有一定的依赖性。

你从下面的故事中能得到关于适度货币注入的哪些启示？

话说有个小镇，许多人债台高筑。一天来了一旅客，于是有趣的故事就发生了：这个旅客进旅馆打算住宿，于是放柜台上 1 000 元押金，就上楼挑房间。旅馆老板拿起这 1 000 元过街还给肉店老板 1 000 元猪肉的欠款，肉店老板拿到 1 000 元后又去还了向养猪户买猪的欠款，养猪户又还清了饲料商的 1 000 元欠款……最后水果贩运商还清了住旅店的 1 000 元欠款。这时本想住店的旅客下楼了，说对房间不满意，取回 1 000 元走了。但是全镇的债都还清了。

（三）货币政策的局限性

货币政策虽能影响宏观经济活动水平，但也有其局限性。如：

(1) 经济衰退时期，企业生产的产品滞销，商业银行认为放款风险大，放贷出去的款项很有可能无法收回，因而通常不愿扩大放贷。尽管中央银行这时采取种种措施增加货币供给量、降低利率，但却往往收效甚微。

(2) 经济衰退时期，企业的预期利润率低，尽管中央银行这时采取扩张性货币政策，但企业通常也不愿多向银行借款。

(3) 通胀时期，尽管中央银行采取紧缩性货币政策，但这时产品价格高，企业利润率高，企业在利率较高条件下仍愿增加借款。商业银行出于自身利益，也愿意扩大贷款。尤其在成本推动型通胀的条件下，紧缩性货币政策（及紧缩性财

① 我国常有诸如“积极的财政政策”“谨慎的货币政策”的说法，实际上它们分别对应的大体上是（适度）扩张性财政政策、（适度）紧缩性货币政策。当然，无论是扩张性政策还是紧缩性政策，政府总是力图使其适度、恰当。

政政策)不仅不能治理通胀,反而可能会带来通胀与经济衰退(经济衰退必然伴随失业)并存的滞胀,因为紧缩性政策会使企业经营更为困难。

(4) 货币政策有较强的时滞性,即政策实施后往往要间隔较长时间才能产生实质性效果。这是因为一般来说,货币政策的传导环节多,不像财政政策那样可以直接影响总需求(譬如,政府投资增加 50 亿元,总需求马上就实实在在地增加了 50 亿元)。例如,中央银行通过公开市场增加投放货币量后,往往要经过一系列不同交易主体的交易行为后,才会影响利率,增加的货币量才会陆续地、缓慢地转化为投资和消费,进入实体经济部门,影响就业和国民收入。

(5) 一般认为,金融创新降低了货币管理当局对货币的控制力,也就是使货币政策的效果受到了冲击。目前阶段数字货币的发展肯定也会产生许多复杂的影响。

三、不能各自为战——政策的配合

宏观经济政策干预中,财政政策与货币政策需要相互配合。譬如,扩张性财政政策常常需要相对宽松的货币环境,至少货币环境不能严格从紧,否则,怎么大幅度增加财政支出?扩张性货币政策如果与严格紧缩的财政政策同行,增加的货币和降低的利率也常常不会使大量资金流入农业、工业等实体经济部门,而是很可能流入股市、汇市、博彩等虚体经济部门,不能较有效地带来总需求的增长。

两种政策相互配合的必要性还来自它们各自的特性。一般而言,财政政策的内部时滞较长(例如,变动税率、政府转移支付和总金额很大的政府购买等一般都需要经过立法机构讨论批准,这常常需要较长的时间),但外部时滞较短(财政政策一旦实施,常常能很快影响总需求和国民收入);而货币政策的内部时滞较短(因为货币政策一般不需要经过立法机构批准,央行常常具有独立决策的权力),但外部时滞较长(这就是前面提到过的货币政策的传导环节多,产生实际效果的时间较长)。所以在这个意义上它们也需要相互配合,以便取长补短。

总体而言,财政政策与货币政策的组合方式大致有:

(1) 扩张性的财政政策与扩张性的货币政策相配合,这可以有力地刺激总需求,但容易引起通货膨胀,留下后遗症。所以一般情况下不采用,除非经济衰退很严重。

(2) 紧缩性财政政策与紧缩性货币政策相配合,这可以有力地压缩总需求,但容易导致较长时期的经济衰退。所以一般情况下也不轻易采用,除非通货膨胀很严重。

(3) 扩张性财政政策与偏紧的货币政策相配合，或者紧缩性财政政策与偏松的货币政策相配合，这样可以使总需求扩大但又不至于引起通货膨胀，或者使总需求缩减但又不至于导致经济衰退。

当然，面对具体的经济状况，也可采取温和扩张的财政政策与温和扩张的货币政策相组合，或者采取温和紧缩的财政政策与温和紧缩的货币政策相组合。

需要指出的是，财政政策与货币政策是两种基本的宏观经济政策，其他的政策及其目标往往是以它们为基础的，例如，所谓的收入政策、汇率政策等都需要依靠它们去操作。后文的内容将会显示，对于汇率的调节其实主要是依靠货币政策的。

还要指出的是，凯恩斯主义的宏观经济政策是理论上短期分析(基于当前或近一个时期以来的总需求不足的分析)的产物，政策着眼点也是对总需求的调节。因此，不能作为常规性的政策长期运用。

最后要强调的是，政府无论是运用财政政策还是货币政策，都应该在市场经济运行规范的框架里进行。如果为了满足政绩需要或者其他目的而滥用干预政策，就会损害市场经济的健康运行，最终破坏经济的可持续发展。

四、“不可能三角”——开放经济中的政策选择

前述的宏观经济政策是在封闭经济的假定条件下进行的，即排除了国际经济联系。现在从国际视角出发，在存在国际经济联系的开放经济中分析宏观经济政策。为了更好地理解开放经济中的宏观经济政策，首先了解一下汇率方面的基本知识。

(一) 汇率

1. 汇率的概念与决定

汇率就是不同货币之间的交换比率，体现为用一种货币来表示另外一种货币的价格。汇率也称汇价。

汇率的决定问题是一个十分复杂的金融问题，这里不作全面的展开分析。只是在假定其他因素不变的条件下，分别阐释一国国际收支状况和利率水平对汇率的影响。

如果一个国家通过国际贸易、国际投资等途径吸纳和流入的货币值大于流出的货币值，则称这时存在国际收支盈余或国际收支顺差，反之，则称国际收支赤字或国际收支逆差。设想国际收支逆差的情形：某国只流入100亿美元，向外

国进口产品及到外国市场上购买股票等需要 150 亿美元，则该国的企业和个人必须在外汇市场上用本币去购买那缺少的 50 亿美元，即在外汇市场上对美元的需求增加。一般而言，这会恶化该国的国际收支状况，甚至可能会导致美元汇价上升，相应地也就是本币贬值。反之，国际收支顺差则可能会导致本币升值，外币贬值。

再来看利率的影响。可以通俗、简单地这样来理解：如果一国的利率提高，则该国的货币存入银行体系可以得到更多的利息收入，那么就会吸引较多的其他国家的货币兑换成该国的货币并流入该国，也就是外汇市场上对该国的货币需求增加，促使该国的货币升值，汇率提高。反之，一国的利率降低，会引起该国的资本外流，货币贬值，汇率降低。

在前面的第 7 章中谈到过汇率稳定的重要性。要防止本币的大幅升值或贬值，维持汇率的基本稳定，就要求保持国际收支的基本平衡。如果一国的国际收支长期巨额逆差，会使外汇储备急剧下降，本币大幅贬值，由于对该国经济缺乏信心，致使资本大量外流，产生严重的货币和金融危机，如 20 世纪 90 年代亚洲金融危机中的泰国、印度尼西亚那样。而长期的巨额国际收支顺差可能会使得大量的外汇储备被低效率地配置和运用，还容易使本币升值或具有内在的升值压力。大量外资流入后需要兑换或购买本币以便在该国使用（这种与外资或外汇配套的本币也称为**外汇占款**），从而使本国增发货币，加重国内通胀压力。当然，相对而言，国际收支长期逆差比长期顺差的危害性更大。因此，国际收支平衡成为宏观经济政策的主要目标之一。

2. 汇率制度

① **固定汇率制。指一国货币同他国货币的兑换率基本固定，其波动仅限制在一定幅度内的汇率制度。**如果汇率涨落超出了规定的幅度，各国中央银行必须动用本国的外汇储备干预外汇市场，以稳定既定汇率。如在汇率过高时（即本币升值、外币贬值），中央银行须以本币来收购过多的外币，以维护固定汇率①。反之，在汇率过低时，中央银行须抛出外汇储备来收购过多的本币。

② **浮动汇率制。指一国货币同他国货币的兑换率听任外汇市场的供求力量自发地决定的汇率制度。**浮动汇率制又可分为自由浮动与管理浮动。前者指中央银行对外汇市场不采取任何干预措施，后者指中央银行为了影响汇率会适

① 因为根据经济学的基本原理，商品价格水平决定于其市场供求状况。外币贬值意味着外币这种特殊商品的市场供给数量过多，供过于求导致了其价格下跌（贬值）。而另一方面，本币升值意味着外汇市场上本币的数量相对过少。所以这时为了维护固定汇率，使得贬值后的外币适度升值及升值后的本币再适度贬值，中央银行就要向市场投放一定数量的本币来收购过多的外币。于是，外汇市场上本币数量有所增加，有助于其价格适度下降，而市场上的外币数量则有所减少，有助于其价格适度回升，从而使得它们之间的比价关系即汇率满足固定汇率的要求。

度干预外汇市场，但这种干预的目的并非将汇率维持在某一固定水平，而是为了不使汇率波动过于剧烈。

（二）内外经济均衡的政策组合

一国内外部经济失衡的情形表现为：内部经济衰退及高失业，同时外部国际收支逆差。如果采用扩张性财政政策和扩张性货币政策虽会缓解经济衰退，却会由于国民收入的较大增加导致进口增加、逆差扩大。逆差扩大还使得在固定汇率制下无法实现维持既定汇率的目标。假设采用紧缩性财政政策和货币政策，虽会缓解或消除逆差，却会加剧经济衰退。内外部失衡的其他组合情形，也会面临相似的政策困境。

后来，美国经济学家蒙代尔（1999 年获诺贝尔经济学奖）等人发现，财政政策和货币政策对内外部经济的影响效果是不同的。货币政策对国际收支的影响相对较大，因为它倾向于扩大与别国的利率差距，从而引起资本的国际流动。而财政政策由于能直接改变总需求，因而对国内经济活动的影响比较大。因此，固定汇率制度下，实现内外经济均衡的几种政策组合如表 11-1 所示。

表 11-1　实现内外经济均衡的政策组合

经济状况	财政政策	货币政策
衰退与逆差	扩张性	紧缩性
衰退与顺差	扩张性	扩张性
通胀与逆差	紧缩性	紧缩性
通胀与顺差	紧缩性	扩张性

尽管蒙代尔等人在 20 世纪 60 年代的这一政策组合分析是以固定汇率制为背景的，但在浮动汇率制下，这一思想仍具有一定的适用性。

（三）蒙代尔模型与“不可能三角”

开放经济条件下，财政政策与货币政策的效果如何呢？这便是蒙代尔—弗莱明模型所要讨论的问题。这一模型由蒙代尔和弗莱明共同提出，有时也简称为蒙代尔模型。它通过复杂的图形分析，论证了在不同的汇率制度和资本流动①条件下，财政政策与货币政策的有效性问题（即政策是否会产生影响或这种影响的大小问题）。

蒙代尔模型已经隐含性认为，固定汇率、资本自由流动和独立自主的货币政策是难以同时兼容的。

1997 年，泰国、印度尼西亚、韩国等相继发生金融危机。这些原先实行

① 该模型中的资本流动状态指的是国际资本在某经济体与别的经济体之间的流动状态。

固定汇率制的国家在金融危机中被迫放弃了固定汇率。1999 年，美国著名经济学家克鲁格曼教授在蒙代尔—弗莱明模型的理论基础上，结合对亚洲金融危机的实证分析，明确地提出**开放经济体不可能同时追求“独立的货币政策”“固定汇率”和“资本自由流动”这三个目标，至多只能同时追求其中的两个目标。这便是开放经济体所面临的政策选择的“不可能三角”或“三元悖论”**，如图 11-2 所示。由于固定汇率制意味着汇率稳定，因而人们现在也将“三元悖论”引申理解为开放经济体不可能同时追求“独立的货币政策”“汇率稳定”和“资本自由流动”这三个目标。

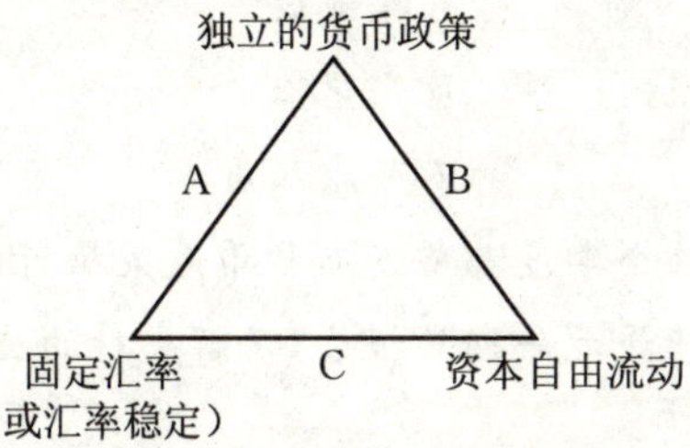

图 11-2　开放经济体的不可能三角

美国、日本、英国等许多发达国家选择的是图 11-2 中的 B 组合，即独立的货币政策和资本自由流动。中国内地于 2005 年 7 月汇率制度改革以前选择的是 A 组合，在限制国际资本流动、实行外汇管制的基础上，采用的实际上是固定汇率制。香港特别行政区选择的是 C 组合，其没有独立的货币政策，港币盯住美元。货币变量服务于维持港币与美元的既定汇价。因而常可看到这样的现象，美联储宣布加息（即提高基准利率）后第二天，香港金融管理局也宣布加息。倘不如此，既定汇价就难以维持。

对于三元悖论，可以在理论逻辑上这样来理解：假如某国价格水平上升较快，为防止通胀，中央银行需要实行从紧的货币政策，提高利率。但利率一旦提高，在资本自由流动的条件下，就会吸引国际资本流入。大量流入的资本需要兑换成该国的货币，这个国家的货币就将升值或大幅升值，也就是固定汇率制要面临严峻考验或汇率无法稳定。如果要维持固定汇率制或追求汇率稳定，那么在国内的通胀威胁前，就不能提高利率，也就是这时没有了独立的货币政策。如果既要独立的货币政策，又要固定汇率制或汇率稳定，那么就不能让资本自由流动，因为在资本不能自由流动的条件下，独立的货币政策（表现为应对经济形势的利率的自由变化）才不会对汇率稳定构成威胁。类似地，在通货紧缩和经济衰退的假定条件下，可得到同样的结论。

复习思考题

同步训练

1. 熟悉下列概念。

财政政策	拉弗曲线	货币政策
法定准备金率	存款乘数	基础货币
货币乘数	量化宽松	缩表
汇率	不可能三角	

2. 中国人民银行每个季度都要发布货币政策执行报告，请登录该行官网(www.pbc.gov.cn)阅读最近一期的报告，了解央行的公开市场操作及其他货币政策动向。

3. 增加政府购买为什么一般不能通过增加政府在竞争性行业的投资来进行？

4. 提高法定准备金率和提高利率分别对于商业银行、企业、货币可流通量有什么不同的影响？

5. 阐释“不可能三角”的基本原理。

6. 评论下述对话：

张铁嘴：你能够简要地说明一下总需求与总供给是如何互为前提和相互促进的吗？

李小嫚：如果总需求过小，总供给中的一部分产品就卖不出去，企业的投资和收入就都会减少，企业雇用的员工也会减少，员工的收入总和会随之减少。企业投资和民众用于购买消费品的收入的减少意味着总需求的减少，这会进一步促使总供给规模收缩。如果总供给过小，小于总需求，就会发生通货膨胀，带来一系列消极经济效应，并最终使总供给和总需求都受到损害。因为有需求和总需求，才会有供给和总供给，总需求牵引总供给，为经济增长和经济发展提供动力。总供给又通过生产中增加民众的收入和提供新产品(有了新产品才会有新需求)等进一步维持、强化总需求。总供给满足总需求，使得人们的生活更美好。总需求与总供给相当于大自然中的循环，它们之间是互为前提和相互促进的。

张铁嘴：你能不能举一个例子，形象、直观地来说明？

李小嫚：譬如，在山区里的一个小镇，它的经济循环是这样的：镇民在镇上的几个小工厂打工赚钱；从经营的小餐馆当小老板赚钱；从帮镇政府做事中赚钱;从小镇旁边的菜园里种菜和卖菜中赚钱。他们将赚来的钱用于购买日常生活用品,用于去镇上生产牙膏的小厂购买牙膏、去镇上生产服装的小服装厂购买服装、去小餐馆吃饭喝酒、去菜市场购买蔬菜等。于是,镇上的小厂、小餐馆和菜园等能够继续经营下去。经过一些年后,小服装厂的老板积累了一些利润,他将服装厂的规模适度扩大了,也购置了更先进的服装生产设备,生产的服装质量更好、花色品种更多了。而镇民经过一些年的收入积累,也能够买得起更好的服装了。于是,镇民的穿着也就更漂亮了。类似地,小餐馆的营业面积也扩大了,街上的餐馆的数量也增加了,餐馆里的菜肴也越来越高档了。镇民在长期安居乐业的稳定环境中积累的收入也使得他们越来越愿意经常去餐馆就餐了。而且,镇上还出现了一些原来没有的 KTV、游戏房了。

由于镇上的小工厂、小餐馆和镇民等缴纳的税收逐渐增加,镇政府的财政实力也不断增强,它修建了通往周边其他城镇的宽阔的公路。这又方便了人口和货物的流动。外地来小镇旅游和经商的人增加了,甚至还有外国来小镇旅游和经商的人了。于是,镇上的餐馆的生意越来越好,镇民工作赚钱的机会越来越多。而且,有些镇民去外地工作赚钱,或者将工厂和餐馆等开到外地甚至外国去了。就这样,经济循环慢慢地不断提高水平和扩大规模了。

这个小镇经济某种程度上就是国家经济、社会经济的一个缩影。

张铁嘴:一般认为,财政政策在刺激和扩张经济方面的作用较大,货币政策则在收缩经济方面的作用较大。你能否对此作一番通俗化解释?

李小嫚:在总需求不足时,如果政府增加 500 亿元的购买,马上就使总需求增加了 500 亿元。如果通过降低准备金率等办法增加 500 亿元的可贷放资金,或者通过降低利率以降低投资成本等,总需求可能并不会马上增加。因为这时的产品本来就较难卖出去,尽管投资成本下降了,或资金环境相对宽松了,但企业很可能不会马上增加贷款、扩大生产,也就是货币政策不会马上对经济有明显的刺激作用。

在总需求过大时,如果政府减少 500 亿元的购买,从这个角度而言的总需求会因此减少 500 亿元。但过去的民间投资有一种运行惯性,如人家的某个工程项目完成了三分之二,另外三分之一的部分一般会想办法去完成的。更重要的是,在总需求过大、存在物价上升预期时,民间消费和民间投资的增加往往很快,甚至加速度增长,常常会抵消政府购买减少的影响。而如果通过紧缩的货币政策,企业和消费者可借到的资金马上就减少了,或者使用贷款的成本实实在在地提高了,因此不得不马上压缩投资和消费。

张铁嘴:总需求不足时,重复建设是否也有刺激总需求的作用呢?

李小嫚：如果不进行重复建设，不是可以将节省下来的资源用于其他有效的社会用途吗？那样不也可以刺激总需求吗？而某些项目的重复建设却常常会因没有充分的市场出路最终成为一堆废铜烂铁。

张铁嘴：投资扩张和消费增长都会增加总需求，拉动经济，但这两者在其他方面是否有区别呢？

李小嫚：有区别的。投资扩张不仅从短期来看会拉动当前阶段的经济，还会提升将来一个阶段的生产能力，从而提升长期的经济增长潜力。而消费增长不能直接提升将来的生产能力，充其量只能通过刺激投资来间接地提升将来的生产能力。但是否可以说，投资扩张一定比消费增长好呢？不能。如果相对于消费规模而言，生产能力较为充分的条件下，投资的大规模扩张并不可取。如果消费跟不上，投资后生产出来的大量商品卖给谁呢？投资扩张的后劲就会不足，投资甚至会产生严重亏损。投资的大规模持续性扩张还会增加对政府财政支出和政府税收的依赖，这又会带来政府对经济的干预增强和民间的可支配收入水平的下降等诸多消极效应。

消费的增长则往往不仅意味着人们福利水平的提高，而且有一定的可持续性特点。因为与投资规模可以大大地压缩的特点相比，消费一旦进入某一层次和水平，压缩的空间就相对有限。譬如，你每天吃惯了荤素搭配，现在要你天天吃咸菜萝卜干，你能忍受吗？你在夏天享受惯了空调，现在不能用空调了，你能习惯吗？

张铁嘴：你每年假期不是去黄山观日出东方，就是去三亚听惊涛拍岸；不是去九寨沟体会人间仙境，就是去纳木错感受空旷幽静；不是去西安倾听历史回响，就是去西湖享受泛舟划桨……这样的消费层次只可提高，不能降低。哈哈哈……

参考文献

[1] 萨缪尔森，诺德豪斯.经济学[M].19 版.萧琛，等，译.北京：商务印书馆，2014.

[2] 曼昆.经济学原理[M]. 8 版.梁小民，等，译.北京：北京大学出版社，2020.

[3]《西方经济学》编写组.西方经济学：上册、下册[M]. 2 版. 北京：高等教育出版社，2019.

[4] 贝克尔 G S，贝克尔 G N.生活中的经济学[M].章爱民，等，译.北京：机械工业出版社，2013.

[5] 叶德磊.微观经济学[M].5 版.北京：高等教育出版社，2019.

[6] 叶德磊.宏观经济学[M].4 版.北京：高等教育出版社，2019.

教师教学资源服务指南

关注微信公众号“**高教财经教学研究**”，可浏览云书展了解最新经管教材信息、申请样书、下载课件、下载试卷、观看师资培训课程和直播录像等。

课件及资源下载

电脑端进入公众号点击导航栏中的“教学服务”，点击子菜单中的“资源下载”，或浏览器输入网址链接http://101.35.126.6/，注册登录后可搜索相应资源并下载。

样书申请及培训课程

点击导航栏中的“教学服务”，点击子菜单中的“云书展”，了解最新教材信息及申请样书。

点击导航栏中的“教师培训”，点击子菜单中的“培训课程”即可观看教师培训课程和“名师谈教学与科研直播讲堂”的录像。

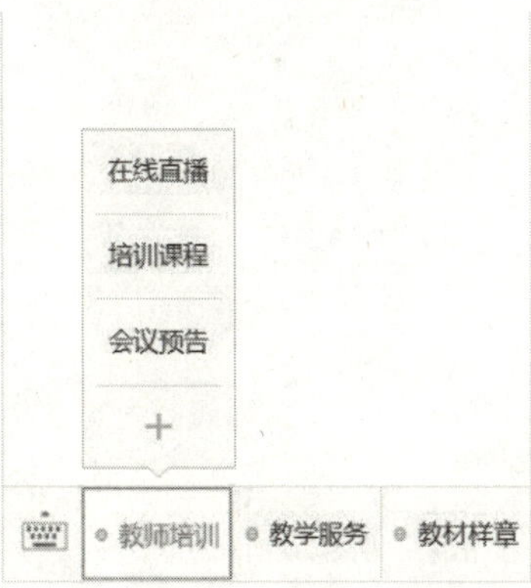

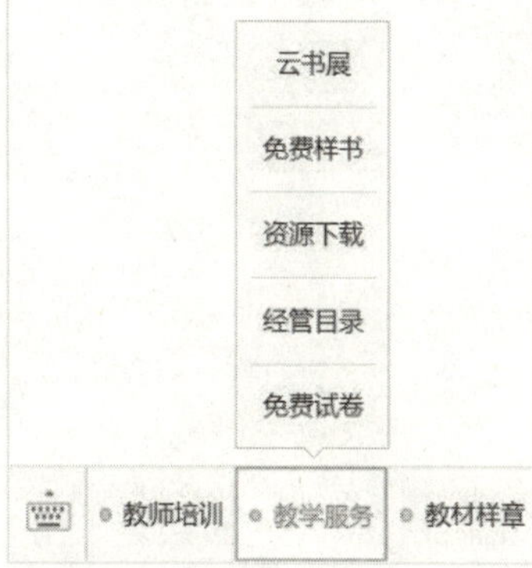

联系我们

联系电话：（021）56718921

高教社经济类教师交流QQ群群号码：247459712